U0100500

大展好書　好書大展
品嘗好書　冠群可期

大展好書　好書大展

品嘗好書　冠群可期

武式太極拳：04

# 武式太極拳

## 拳械彙編

附DVD

高連成 編著

大展出版社有限公司

▲ 武式太極拳鼻祖武禹襄（1812—1880）

▲ 武式太極拳第二代祖師李亦畬（1832—1892）

▲ 武式太極拳第三代祖師郝為真（1849—1920）

▲ 武式太極拳第四代師祖李聖端（1888—1948）

▲ 武式太極拳第五代宗師陳固安（1913—1993）

▲ 武式太極拳第五代宗師吳文翰（1928— ）

▲ 2006年率鄭州學生與邢台同門交流拳藝合影

▲ 1992年參加邢台市武式太極拳研究會成立儀式與陳固安、吳文翰
兩位恩師及師兄弟合影

▲ 2005年7月赴日本東京講授武式太極拳藝與日本學生合影

▲ 2000年8月張湛、羅凱、朱洪興、邵震拜師留念

▲ 1996年高連成先生獲溫縣國際太極拳年會武式太極拳第一名

▲ 2002年參加在河南輝縣舉辦的全國傳統武術名家技擊研討會

▲ 2000年美國武郝太極總會會長王國強先生在永年武禹襄故居為
高連成先生頒發該會海外高級顧問聘書

▲ 2004年參加河北永年郝為真學術研究會成立與李劍方合影

▲ 1998年高連成老師帶領學生參加鐵路局藝術節獲武術表演金獎

▲ 2004年日本弟子石本鏡子、山琦敬在鄭州拜師合影留念

▲ 2008年率鄭州、鶴壁學生參加邯鄲國際太極拳運動大會與恩師
吳文翰合影

▲ 1991年陳固安、吳文翰兩位恩師率弟子瞻仰李聖端師爺故居

▲ 2006年高連成在第二屆世界武術節獲銀牌獎

▲ 1999年與恩師吳文翰以武式太極名家身分參加首屆中國武當拳
聯誼大會，與參賽弟子合影

▲ 先師陳固安先生贈予的梅花圖

▲ 邢台楊金堂師叔及前輩贈予的「中州武英」題字

▲ 1986年參加全國鐵路第六屆體育檢閱大會摔跤比賽（後排左三）

▲ 1997年赴日本教學與學生合影

▲ 2005年組隊參加溫縣陳家溝太極拳比賽合影留念

▲ 2008年參加在遼寧省開原市舉辦的全國武式太極拳高峰論壇
代表合影（右三）

▲ 2011年7月9日高連成六十大壽合影

▲ 2013年11月25—26日高連成老師率弟子參加中國國際功夫
高峰論壇頒獎留念

# 此圖以放大 請老師補圖

▲ 2013年高連成老師率弟子參加中國國際功夫高峰論壇被授予團隊金獎

▲ 2014年10月18—22日高連成老師率河南省電力公司代表隊參加
中國鄭州第十屆國際少林武術節頒獎留念

▲ 《少林与太极》2003 年第 10 期中插頁

▲ 2015 年 8 月高連成老師率隊參加第八屆中國焦作國際太極拳
交流大賽

# 序

　　弟子高連成應邀擬出版《武式太極拳拳械彙編》，請我在書前寫幾句話。

　　武式太極拳為清季廣平府永年縣武禹襄先生（1812—1880）首創，到現在已有一百五六十年歷史，大體上經歷了三個時期。

## 一　創始時期

　　武禹襄名河清，禹襄是字，廩貢生，因受時風及家庭影響，雖然習文，亦好武技，在拳理上遠宗王宗岳，拳技上近師陳清平，歷經多年實踐，學而後化，自成一家。他著述許多膾炙人口的拳論，如《十三勢行功心解》《十三勢說略》《太極拳解》《太極拳論要解》《四字秘訣》《身法八要》《打手撒放》，早已成為太極拳的經典。他創編的太極拳勢、打手以及刀、桿演習套路技法，是其拳論的具體體現，別具神韻。

　　武家以科舉為業，後人多不研習太極拳，得真傳者長甥李亦畬，次甥李啟軒和門人楊班侯。李亦畬、李啟軒昆仲宗母舅武禹襄之學光而大之，李亦畬著有《五字訣》《打手行功要言》《散放秘訣》《虛實開合論》（附圖）、《身

背五弓論》（附圖）、《定軍訣》《太極拳小序》《太極拳譜跋》《陰符槍譜跋》等。李啟軒著有《敷字訣解》《各勢白話歌》等，都是弘揚太極拳的經典之作。

李家也以科舉為重，得李氏昆仲真傳者，以郝和功力最好。

郝和（1849—1920），字為真，從李亦畬、李啟軒兩位先生習太極拳，專心致志20餘年，深得李氏昆仲垂青，視為衣缽傳人，授以手書《太極拳譜》。武禹襄、李亦畬所作拳論言簡意賅，精要處非口授身演不能窮其巧妙，唯為真先生能傳其竅要，因而跟他學拳的人士很多。

武禹襄、李亦畬、李啟軒三位前輩教人極少，到為真先生時才廣為普及衍為一派，研習者稱武式太極拳。因武式太極拳強調虛實開合，民間又習稱「開合太極拳」。

## ❷ 發展時期

20世紀二三十年代，各省市多組建國術館。1928年郝為真先生的弟子李聖端（1888—1948）、郝中天（1891—1968）等人組建「邢台國術研究社」，郝為真先生之子郝文桂（字月如，1877—1935）和韓欽賢（1885—1958）等組建「永年縣國術館」，1932年郝為真先生的弟子李福蔭等組建「永年太極醬園」，都培育出一大批武式太極拳研習者。1929年郝月如先生應邀到南京教拳，其子少如到上海、常州等地教拳，武式太極遂傳入江南。

郝門弟子閻志高、霍夢魁於20世紀四五十年代先後將武派太極拳普及到瀋陽等地。1932年李香遠（1889—1961，郝為真先生的弟子）、郝向榮（1911—1980，郝為

真之曾孫）應「山西省國術促進會」之邀到山西教拳，武式太極拳遂傳入三晉大地。

這一時期除擴大教學地區，增加教學內容外，還出版了王宗岳、武禹襄、李啟軒等人的太極拳理論著作，擴大了太極拳的影響。

### 三 普及時期

新中國成立後，政府對太極拳的發展極為關注，武式太極拳也隨之得到更為廣泛的普及。這一時期的特點是：①上海、北京、天津、瀋陽、重慶、石家莊、鄭州、邢台、邯鄲、許昌等大中城市都相繼成立了武式太極拳的專門研究機構。②出版了武式太極拳專著，如郝少如的《武氏太極拳》，陳固安的《武氏太極拳新架》，吳文翰的《武派太極拳體用全書》，劉常春的《武氏太極拳》，王善德的《瀋陽武派太極拳直講》，姚繼祖的《武氏太極拳》，陳固安的《太極棍》等。③普及到海外，英、美、日、瑞典、新加坡、馬來西亞等國家都有人在傳授和研習武派太極拳。

武式太極拳是最早形成的文人化太極拳，其學術思想對後世習太極拳者深有影響，使太極拳從技藝型進入學術和技藝相結合的新時期，出現了許多融太極拳藝和學術研究為一體的太極拳家，為拓展太極拳研究領域，提高太極拳的文化品位，使之迅速走向世界創造了良好的條件。

由於武式太極拳內涵極為豐富，目前已出版的武式太極拳書籍都未能包括武式太極拳的全部內容。《武式太極拳拳械彙編》的出版，適當的彌補了這一缺陷，由高連

成來撰寫也是較好的人選。

　　高連成原籍北京長辛店，是著名的摔跤之鄉，受環境影響從小就喜愛摔跤和武術。讀書時就跟隨我師兄陳固安先生學習查拳、心意拳，後來專攻武式太極拳，學會了陳固安先生創編的武式太極拳新架、長拳、纏手以及槍、棍、劍等器械。

　　1993年陳師兄去世後，連成又跟我繼續學習太極拳史、拳理、武式太極拳傳統拳勢、打手、一時短打和刀、桿等器械，較為全面地掌握了武式太極拳的拳理功法諸般技藝，經過多年實踐、教學和參加比賽，積累了豐富的實用經驗。他曾應邀五次赴日本國講學，是第一位把武式太極拳普及到東瀛的武式太極拳家。他還撰文發表在《武林》《武魂》《少林與太極》等專業雜誌上，對普及弘揚武式太極拳做過不少貢獻。

　　這次由他主筆編寫《武式太極拳拳械彙編》，一定能夠不負眾望，故樂為之作序。

吳文翰
於北京燕居齋

# 前言

　　武術作為中華五千年文化背景下孕育產生的精華，是中華民族的國粹，太極拳是眾多武術中的一個流派，武術的屬性是攻防術，它的內在靈魂是技擊。傳統的武式太極拳也不例外，師祖武禹襄經多年的驗證、揣摩和研究，使每個拳勢都自成為一個完整的攻防體系，是以掤、捋、擠、按、採、挒、肘、靠、前進、後退、左顧、右盼、中定十三勢為核心的攻防體系，上下相隨，高度統一，協調配合，周身一家。後經李亦畬、郝為真等歷代先師研究發展，至五代陳固安先師，發展了新架，在推手與散手方面繼承前賢，不拘古法，系統發展了推手和散手的訓練方法，器械方面在古傳十三桿（槍）、四槍法、十三刀及四刀法的基礎上，發展出了太極三十六棍、太極三十六槍、桿槍對練、對劈刀等，吳文翰老師也創編了武式太極連環十三刀、武派太極劍、桿法及槍法等，使武式太極拳的內容更加豐富，訓練更趨完善。

　　筆者自幼酷愛武術，與先恩師陳固安在河南許昌近鄰而居。陳師是學校老師，筆者兄妹多人都係陳師教誨成長。筆者自小深受陳師武學思想之影響，深佩陳師之精深武功。自拜陳師學習武術與太極拳幾十年來，尊師教導，

寒冬酷暑研究武派拳藝，從不敢懈怠。經陳師引薦得識師叔吳文翰。

恩師謝世後，拜吳師繼續學習武派拳藝，每想起學拳歷程，恩師的音容笑貌仍歷歷在目。為繼承師志，不辜負二位恩師栽培苦心，把二位恩師傳授的武式太極拳郝為真宗師的一脈拳藝、器械、打手技術整理成冊，以便後學，以此告慰恩師在天之靈，謝陳、吳二位恩師傳授之恩。

《武式太極拳拳械彙編》主要介紹筆者隨陳固安、吳文翰二師所習武派拳藝，其中推手與散手術已著《武派太極技擊術》一書介紹，該書主要介紹武式太極拳架傳統架108式、新架184式、108式太極長拳，武式太極推手器械方面有武禹襄傳承的十三刀、十三槍，有陳、吳二師繼承古傳刀（槍）桿器械發展衍化創編的太極棍、太極槍、太極刀、太極劍。

書後並將吳文翰轉贈我的太極拳老三本資料影印於後，供愛好者參悟學習。

本書編撰過程中，有隨我習拳多年的弟子楊進，深研拳理，究其奧妙，對武派拳藝甚為珍愛，多次聚談，策劃本書出版，做了大量工作。還有弟子羅凱、張湛，為此書出版拍照配圖、資料整理和編輯。老伴劉蓮芬也做了大量校對工作。河南引子文化傳播有限公司姜金橋、姜河二位先生鼎力相助，不辭辛勞，為本書配套光碟錄製影像，編輯影音。恩師吳文翰不顧年事已高，百忙之中，撰寫序文。在此一併感謝。

由於本人水準有限，書中難免有許多欠妥之處，敬請武林同道給予批評指正。

# 書武式太極
# 名師高連成

　　高連成先生生於1951年7月，原籍北京，曾在鄭州鐵路局鄭州分局工會工作，已退休，現全身心投入到武式太極拳的研究及推廣工作中。

　　連成先生係武式太極郝氏門下第四代傳人，中國國家武術七段，中國溫縣國際太極拳年會太極名師，一級武術拳師，一級武術裁判員。現任鄭州市武式太極拳委員會主任，全日本太極拳協會高級顧問，北美洲（武郝派）太極拳研究會顧問，中國溫縣國際太極年會副秘書長，中國永年國際太極拳年會副秘書長。

　　高連成先生自幼酷愛武術運動，年少時在河南許昌上學，在河南這個中原武術之鄉飽沾國術濃墨。年少時得著名技擊家、武式太極三代名宿郝為真宗師之再傳弟子邢台陳固安先生（1913—1993）恩惠，納為門徒，系統地學習了武式太極之拳、械、打手等功夫。

　　陳固安，字磐石，乃郝宗師得意弟子李公聖瑞（諱斌）的表侄和弟子，又受到韓欽賢、郝中天等先生的指點，一生研練，傳授武式太極拳，可為同門之冠。固安公自青年起，習武參學行跡遍冀、豫、鄂諸省，後根據師承和數十年揣摩編撰了武式太極拳新架、太極對刺槍和太極

棍等功法，結合其棍法研製了藤蛇棍為專用器械。在晚年又以畢生所學，取太極、形意、八卦、查拳等拳術之技擊精華，按照太極拳之要領創編了武式太極長拳，演練時剛柔相濟、快慢相間，深受廣大青少年歡迎和喜愛。陳固安老師愛惜高連成為人質樸而又聰穎善悟，好學廣納而又刻苦專攻，堪為大器，遂傾囊而授。

陳公故去後，連成先生為了進一步提高，秉師遺命繼而師著名太極拳家、拳史學家、太極拳理論家吳文翰（字潤章）先生為師，繼續深造、完善武式太極拳技，完整地學習太極拳老架以及拳理、拳史和研究方法等。文翰先生幼年拜李公聖端為師，習練武式太極拳，年輕時曾得李香遠、王延久、范述圃、崔毅士等太極拳大家指導。

吳老得意於兒時起從晚清文舉仝斠泉夫子研讀經史，文功堅實，「文革」前就開始著意蒐集太極拳有關理論史料，積累十餘載始動筆對歌訣、拳論註釋譯白，至今仍挖掘、研究、筆耕不輟，已發表論文數百篇，又著有四五十萬言的《武派太極拳體用全書》，頗多論述、成果已成為指導拳人特別是晚輩後學之導航，享有「武林一支筆」的美譽。

高連成先生習拳數十載，受益於新中國之安定年代；蒙恩於二位名師之悉心栽培，拳友、學生之熱情幫助，本已實屬難得，又有承襲廣府、地近陳溝的參學方便，可謂天時、地利、人和俱全，是為拳人美慕的幸事。連成先生由於自身揣摩、研學孜孜不斷，努力不懈，認真精益拳技，用理論指導實踐，以實踐來驗證和完善理論，逐步達到了體用結合，理論與技擊結合的太極拳術水準。對於武

式太極老架、新架、刀、槍、劍、棍、大桿等無不嫻熟，走架深具武派外示安逸，內固精神的氣勢；打手普現武派之神祕莫測的技藝，精於發放之功。其不僅通達武派太極系列技藝，對於心意拳、八卦拳、查拳、中國式摔跤也頗多研究。

高連成老師就積極參與武術活動，多次出任鄭州鐵路局、鄭州鐵路分局的武術、摔跤、散打教練，並多次參加全國鐵路系統、各省（市）及國家級武術比賽，拳、刀、劍、棍均曾搏得獎牌。在1986年全國鐵路系統六運會上獲得中國式摔跤季軍；同年帶領鄭州鐵路局獲得全國「少林杯」散打比賽團體季軍；1992年鄭州傳統武術比賽獲太極拳冠軍；1993年獲得鄭州國際少林武術節拳術優秀獎；1995年獲永年國際太極拳年會太極棍銀獎；1996—1998年連續在陳溝國際太極拳年會武派太極拳項目上捧金；2006年獲得第二屆世界武術節大賽拳、械銀牌獎。

進入中年後的高連成遺憾於舊時武式太極拳先哲由於時代侷限課徒授拳甚少的影響，加之許多老拳家相繼謝世，且師長已界頤養天年之期，深感發揚武式太極拳的重任應落於彼輩肩膀，從而發願繼承師志、哺育後人。近年來培養弟子、學人數千，多名於高等學府武術專業榜上有名，或進入武警、公安系統執教，學人中頗多在各級武術、散手、推手等比賽中奪金捧銀者。1997年以來，六次應全日本太極拳協會前野慈作會長邀請赴日講學，開啟武式太極拳展示、傳入東瀛之先河，廣播武式太極拳威名於世界。

現高連成老師雖已年過花甲，仍身強體健、精力充

沛，精神氣力常讓弱冠而立之人自愧不如，說手時收放如持扇，講學時則深刻醒人。高連成老師曾多次被中國溫縣、中國永年、珠海、武當山等國內重大武術活動和國際太極拳年會邀請，作為太極拳名家進行表演與講學。2002年被中國永年太極拳聯誼會授予功勳杯，2006年5月作為武式太極名家參加了在江蘇馬鞍山召開的第三屆全國太極拳名家研討會，參加名家的專場表演。

先後被《少林與太極》雜誌評為優秀作者、中國溫縣國際太極拳年會優秀論文作者，在全國各大武術雜誌發表多篇論文，將武派太極拳、劍、刀、三十六槍、三十六棍、打手等整理發表。

2004年3月份由人民體育音像出版社與廣州俏佳人公司聯合製作出版了由高連成主講，弟子勾強、高劍、朱宏與參加錄製的武派太極拳光碟，計拳架、刀、槍、劍、棍、功法、推手、古傳「短打法」等十一部分，共二十五碟。2008年編著《武派太極技擊術》一書由山西科學技術出版社出版。近年來連成先生的出書立著極大豐富了太極拳愛好者的學習內容，實為有真知灼見而無私於拳人的作品。其人須入當代拳界繼承全面而發展尤佳的難得人才之行列。

# 目錄

第一章·武式太極拳述要　031

第二章·武式太極拳的身法要求　033

第三章·武式太極拳傳統架一百零八式圖解　037

　　㊀武式太極拳傳統架特點　038

　　㊁武式太極拳傳統架一百零八式拳式名稱　038

　　㊂武式太極拳傳統架一百零八式拳式圖解　041

第四章·武式太極拳新架一百八十四式賞析　175

　　㊀武式太極拳新架概述　176

　　㊁武式太極拳新架一百八十四式拳式名稱　177

　　㊂武式太極拳新架一百八十四式拳式圖示　180

第五章·武式太極長拳一百零八式圖解　243

　　㊀武式太極長拳概述　244

　　㊁武式太極長拳一百零八式拳式名稱　244

　　㊂武式太極長拳拳式圖解　247

第六章·武式太極拳推手　325

　　㊀八法五行實用解　326

　　㊁四正活步推手圖解　332

　　㊂四斜大捋推手圖解　335

## 第七章・武式太極連環十三刀 341

● 一 武式太極連環十三刀概述 342

● 二 武式太極連環十三刀刀式名稱 342

● 三 武式太極連環十三刀刀式圖解 345

● 四 古傳武式太極十三刀概述 400

● 五 古傳武式太極十三刀刀式名稱 400

● 六 古傳武式太極十三刀圖示 400

## 第八章・武式太極三十六槍 407

● 一 武式太極三十六槍概述 408

● 二 武式太極三十六槍槍式名稱 409

● 三 武式太極三十六槍槍式圖解 410

● 四 武式太極傳統十三槍（桿）概述 458

● 五 武式太極傳統十三槍（桿）槍式名稱 458

● 六 武式太極傳統十三槍（桿）圖示 459

## 第九章・武式太極劍五十五式 467

● 一 武式太極劍五十五式概述 468

● 二 武式太極劍五十五式劍式名稱 468

● 三 武式太極劍五十五式劍式圖解 469

## 第十章・武式太極三十六棍 517

● 一 武式太極三十六棍概述 518

● 二 武式太極三十六棍棍式名稱 518

● 三 武式太極三十六棍棍式圖解 519

● 四 武式太極三十六棍棍式舞訣 559

## 第十一章・秘傳古典太極拳譜 561

第一章

武式太極拳述要

武式太極拳發源於清咸豐初，創始人武禹襄（1812—1880）及傳人李亦畬（1832—1892）、李啟軒均係望族儒生，罕於傳藝，至三世郝為真（1849—1920）始廣傳於世，故舊時亦稱為郝派太極拳。

武式太極拳是最早形成的文人化的太極拳，是太極拳從技藝型向學術和技藝型轉變的肇始。武禹襄與兄長澄清（1800—1884）、仲兄汝清（1803—1887）及李氏昆季都寫出不少膾炙人口的太極拳論，膏馥了眾多太極拳家，為拓展太極拳研究領域，提高太極拳的社會地位，使之迅速走向世界奠定了良好的理論基礎。

武禹襄遠法王宗岳，近師陳清平，本諸實踐心得創編出一套融技擊、健身、養性為一體的太極拳勢和刀桿練習套路，把打（推）手衍化為進退各三步半的活步打手。

他創編的拳勢組織縝密，法度嚴謹，式簡技繁，用法精敏。走架打手強調用意，招式變化須有摺疊，走化蓄發妙在腰隙抽掣，拳風質樸爽朗，外則柔和淵懿，內則堅勁雄直，含陽剛於陰柔之中，寓雄奇於淡遠之內，形成了「簡潔縝密，術法分明，古樸典雅，端莊灑脫」的獨特風格，別具神韻。

武禹襄忠於繼承，勇於創新，師前賢心法，不拘泥古人步跡，從拳理拳法到刀桿運用，一幟卓樹，蔚然成家，形成一家有完整體系的太極拳學派。百餘年來在眾多傳人的辛勤耕耘下，河北、河南、山西、遼瀋、浙閩、川甘、湘贛、兩廣、京、津、滬、寧等地乃至英、美、法、日等國家和地區多有習者。

# 第二章

# 武式太極拳的
# 身法要求

武式太極拳和技擊術是建立在身法基礎上的，在內是精、氣、神，在外是手、眼、身、步，內外的高度統一和協調配合，才能周身一家，達到勁整氣實。

身法是培養內氣（功）的前提保證，是產生內勁的關鍵。身法正確，每一動合乎法度，久習才能勁韌、骨沉、氣力倍增。

所以，鼻祖武禹襄提出《身法八要》：提頂，吊襠，涵胸，拔背，鬆肩，沉肘，裹襠，護肫；到四世郝月如先生又增加了：騰挪，閃戰，尾閭正中，氣沉丹田，分清虛實。延傳至今天，成為習練武式太極拳必須遵守的身法準則，照此練習才能獲得真正的太極拳藝。

為方便習練者研習參考，將以上身法要領淺釋如下。

1. 提頂：

虛虛領起之意，頭領，脊骨豎起，神貫於頂，提挈全身，周身運轉，輕利便捷。

2. 吊襠：

頭頂至尾骨似有一線相連牽，尾骨前上有收起之意，斂臀，收肛，兩腹裏合，胯根放鬆內收。能提頂吊襠，周身自然中正安舒，八面支撐。

3. 涵胸：

胸部放鬆，兩肩胛骨微向內合，似含一球。胸部不可前挺，也不可後縮，鎖骨、胸骨、肋骨肌肉都有自然鬆沉下降之感。能涵胸，才能以心行氣，呼吸暢通。

4. 拔背：

大椎頭領勁，脊骨豎拔，背部肌肉有向左右展拓之意，中間脊骨有鼓起之意。能涵胸拔背，才能「力由脊發」。

5. 鬆肩：

肩關節不可上聳，也不可前收過緊，避免僵滯之病。兩肩自然放鬆，運轉靈活，則氣自然下沉，如此才能神聚勁蓄，腋虛臂圓，兩臂富有彈性，著力能夠圓活能制人，則不受制於人。

6. 沉肘：

以意導氣行於兩肘，肘關節常有下沉墜落之意，才能肩鬆臂虛，掌腕靈活。兩肘圓撐，既可護體，又可以肘擊人，鬆肩與沉肘是相應的，能鬆開肩，肘自然下沉，氣自然能沉得下。

7. 裹襠：

兩腿屈膝，重心下降，兩膝兩胯有內合之意，椿步自然穩健。

但無論何種椿步，都不可做得太過，過則形成尖襠、夾襠，使椿步不穩。

8. 護肫：

氣向下沉，兩肋收斂，既能蓄勁，又能承受外力擊打。裹襠是下護其襠，護肫是上護己身，兩手護其面，兩肘護其胸肋，無論推手、散手始終守中、用中、護中，不可須臾懈怠。

9. 騰挪：

靜中求動，不動則有預動之意，身、手、足繼有預動之勢，氣勢騰挪，進退轉換皆宜。

10.閃戰：

身、手、足凝聚一家，突然轉換，一氣呵成，勢如放箭，發勁迅如閃電。

### 11.尾閭中正：

尾骨與下頜保持上下一線，尾骨向前托起小腹，自然立身中正。前進、後退、左旋、右轉，尾骨為舵，眼神射向何處，身向何處轉，力向何處發，尾骨就直射何處。

### 12.氣沉丹田：

走架演勢時，周身放鬆，以意送氣，能做到提頂吊襠，涵胸拔背，鬆肩沉肘，裹襠護肫，重心下降，下盤穩固，呼吸深長細勻，自然能氣沉丹田。

### 13.虛實分清：

武式太極以虛實開合為要，每一處都要分清虛實，運動中兩手、兩足亦然。

其根在腳，兩足必須分清虛實。虛非全然無力，著地點要有騰挪之勢，虛腳與胸有相繫相引之意；實非全然站煞，精神貫於實股，支撐全身，要有上提之意。虛實分清，能制人而不受制於人。

# 第三章

# 武式太極拳傳統架
# 一百零八式圖解

## 一 武式太極拳傳統架特點

武式太極拳，簡潔緊湊，有「乾枝老梅」之稱。其路簡勁捷，兩手各護一邊，各司其職，不相踰越，靠內氣潛轉，支配外形，整進整退，形不妄動，無論盤架還是推手，都嚴守身法。

一貫主張以輕、靈、鬆、軟、外柔、內剛八字訣的要求為主，柔而不散，剛而不滯，時陰時陽，虛實剛柔，運用變化非常圓活，如環無端，活潑無拘。

整個套路，先易後難，循序漸進，繁簡適當，重點突出。行功走架立如平準，活似車輪，中正安舒，支撐八面，兩手護中用中，前伸不過足尖，後屈肘不貼肋，左右相繫，上下相隨，三環九折，節節貫通。強調用意不用力，內固精神，外示安逸，調理陰陽，內外雙修。

拳勢起承轉合，貫穿一氣，上可至頂，下可至踵。蓄發，開合，收放，一身五弓，一弓開，弓弓開，發勁鬆靜，專注一方，「蓄勁如張弓，發勁似放箭」。

武式太極拳在長期發展過程中，形成了拳勢與理法高度一致，簡捷縝密，術法分明，古樸典雅，端莊灑脫的獨特風格。

## 二 武式太極拳傳統架一百零八式拳式名稱

1. 無極勢
2. 左懶紮衣
3. 右懶紮衣
4. 單鞭

5. 提手上勢
6. 白鶴亮翅
7. 左摟膝拗步
8. 左手揮琵琶勢

9. 左迎面掌

10. 右摟膝拗步

11. 右手揮琵琶勢

12. 右迎面掌

13. 左摟膝拗步

14. 上步搬攬捶

15. 如封似閉

16. 抱虎推山

17. 退步懶紮衣

18. 單鞭

19. 提手上勢

20. 回身白鶴亮翅

21. 肘底看捶

22. 左倒攆猴

23. 右倒攆猴

24. 左倒攆猴

25. 右倒攆猴

26. 提手上勢

27. 白鶴亮翅

28. 左摟膝拗步

29. 左手揮琵琶勢

30. 舒身按勢

31. 青龍出水

32. 風擺荷葉

33. 三湧背

34. 單鞭

35. 左紜手

36. 右紜手

37. 單鞭

38. 提手上勢

39. 左高探馬

40. 右起腳

41. 右高探馬

42. 左起腳

43. 轉身蹬腳

44. 踐步打捶

45. 翻身二起腳

46. 左伏虎勢

47. 右伏虎勢

48. 巧捉龍

49. 披身踢腳

50. 轉身蹬腳

51. 喜鵲登枝

52. 上步搬攬捶

53. 如封似閉

54. 拗步飛仙掌

55. 右懶紮衣

56. 斜單鞭

57. 左野馬分鬃

58. 右野馬分鬃

59. 左野馬分鬃

60. 迎門靠

61. 右懶紮衣
62. 單鞭
63. 上步飛仙掌
64. 左玉女穿梭
65. 轉身玉女穿梭
66. 上步玉女穿梭
67. 回身玉女穿梭
68. 退步懶紮衣
69. 單鞭
70. 左紜手
71. 右紜手
72. 單鞭
73. 下勢
74. 左更雞獨立
75. 右更雞獨立
76. 左倒攆猴
77. 右倒攆猴
78. 左倒攆猴
79. 右倒攆猴
80. 提手上勢
81. 白鶴亮翅
82. 左摟膝拗步
83. 手揮琵琶勢
84. 俯身按勢

85. 青龍出水
86. 風擺荷葉
87. 火焰鑽心
88. 單鞭
89. 左紜手
90. 右紜手
91. 單鞭
92. 撲面掌
93. 高探馬
94. 對心掌
95. 十字腿
96. 上步指襠捶
97. 右懶紮衣
98. 白蛇吐芯
99. 回身下勢
100. 上步七星
101. 退步跨虎
102. 轉身擺腿
103. 彎弓射虎
104. 雙抱捶
105. 拴馬勢
106. 退步懶紮衣
107. 十字手
108. 合太極

# （三）武式太極拳傳統架一百零八式拳式圖解

## ▌第一式・無極勢

**動作**：演示者面南背北而立，兩足平行與肩同寬。

頭頂上懸領起全身，面部端莊自然，目平視，頷微收，牙輕叩，舌頂上齶，呼吸自然，深長細勻，頸項鬆豎，頭正身直，肩鬆臂垂，腋下虛空，肘部微撐，胸部不挺不凹，舒展放鬆，脊骨垂直，尾閭正中，胯根微收，臀部前送，襠部空虛，雙膝裏合，以意引導，氣向下沉，落地生根。（圖3-1）

・圖3-1

要點 做到心靜、體鬆、呼吸自然。

## ▌第二式・左懶紮衣

**動作一**：兩腿屈膝下蹲，尾閭鬆沉；同時，兩臂屈撐向腹前合攏，掌心斜向下，雙目前視，意欲左旋打捌（圖3-2）。

**動作二**：重心移至右腿，落胯屈膝踏穩，左足尖虛點向左擰旋，右足湧泉右旋，尾閭與右足跟虛虛對正；

同時，上體左旋45°斜角，兩臂左上右下自腹前向左上方掤起，兩掌側立，掌心相向，左掌高不過肩，右掌高同右肘，

・圖3-2

左掌與鼻尖、左足「三尖相照」；目光引左臂上掤，意在左臂外關穴和右掌勞宮穴，下與右足相應；面向東面（圖3-3）。

動作三：右腿鬆沉踏穩，左胯根微向內抽；左掌微內旋，鬆肩沉肘，掌根下塌，左足輕輕向前劃去，腳掌落地踏實，右足踏地，右腿自然伸展，上體隨腰胯微左旋，尾閭前送，成左弓步；同時，雙掌內旋，掌心側向前，左上右下，隨上體前移徐徐向前擠去，左掌高與鼻齊，右掌高同左肘；雙目注視遠方落放點處（圖3-4、圖3-5）。

· 圖3-3　　　　　· 圖3-4　　　　　· 圖3-5

動作四：右膝略移與足尖對正，身體重心緩緩後移、右腿落胯屈膝坐實，尾閭與右足踵對正，左腿自然舒伸，成後坐步；同時，左胯根微抽，左掌內旋掌心向下，自上順左腿捋回，至左胯前；右掌同時內旋掌心向下按至右胯前（圖3-6）。

接上勢，胸腹微合，雙手劃弧上提至胸部，掌心向前下，然後右足蹬地，左腿前弓，重心前移，雙掌徐徐前按，

合於胸前，高與肩平，掌心略向前，兩勞宮有相互吸引之
意；同時，右足跟步至左足踵後側，足尖點地，右膝與左膝
彎似挨不挨，兩足成三角形；目前視，有意遠勁長之勢（圖
3-7）。

・圖3-6　　　　　　　　　　　・圖3-7

要點　懶紮衣以動靜兩勢，舉動輕靈，鬆空圓活，周身
協調，尾閭正中，神聚氣斂，重於起、承、開、合，發力源
於腰脊，勁貫四梢，曲中求直，蓄而後發，以意導動，以氣
運身，以身催手，一引即發，化勁鬆靜，發勁脆整，吞吐變
化，合而即出。所謂化勁輕鬆柔和，發勁剛健有力，身靈步
活，虛實分明，剛柔相濟。

## ▌第三式・右懶紮衣

**動作一：**右足向右微移，足尖點地，鬆肩沉肘，雙掌下
塌，意欲右旋打掤（圖3-8）。

**動作二：**以左足踵、右足尖為軸，身體向右旋轉約
90°，尾閭與左足踵對準，左腿屈膝踏穩，右足尖點地，成

• 圖3-8

• 圖3-9

右虛步；同時，兩臂微屈，右上左下向右斜掤，兩掌側立，掌心相向，右掌高不過肩，左掌高同右肘，右掌與鼻尖、右足「三尖相照」；目光引雙臂右掤，意在右臂外關穴和左掌勞宮穴，下與左足相應；面向西南（圖3-9）。

動作三：左腿鬆沉踏實，右胯根微向內抽；右掌微內旋，鬆肩沉肘，掌根下塌，體重落於左腿，左腰胯托起右腰胯，右膝似線上提，右足輕輕向前鑱出，腳掌落地踏實，左足蹬地，右腿自然舒伸，上體隨腰胯微右旋，尾閭前送，成右弓步；同時，雙掌內旋，掌心略向前，右上左下，隨上體前移徐徐向前擠出，右掌高與鼻齊，左掌高同右肘；雙目注視遠方落放點處（圖3-10、圖3-11）。

動作四：左膝向左略移，與足尖對準，身體重心緩緩後移，左腿落胯屈膝坐實，尾閭與左足踵對正，右腿自然舒伸，成後坐步；同時，右胯根微抽，右掌內旋，掌心向下，自上順右腿捋回，至右胯前；左掌同時內旋掌心向下按於左胯前（圖3-12）。

· 圖3-10

· 圖3-11

　　接上勢，胸腹微合，雙手劃弧上提至胸部，掌心向前下，然後左足蹬地，右腿前弓，重心前移，雙掌徐徐前按，合於胸前，高與肩齊，掌心略向前，兩勞宮有相互吸引之意；同時，左足跟步至右足踵左後側，左足尖點地，左膝與右膝彎似挨不挨，兩足成三角形；眼神隨雙掌前按，向遠方落放點處注視，有意遠勁長之勢（圖3-13）。

　　要點　同第二式左懶紮衣。

· 圖3-12

· 圖3-13

## ■第四式·單鞭

**動作一**：左足向右足後微移，足尖點地，鬆肩沉肘，雙掌如扶物狀，微向下按，意向左旋。

**動作二**：以右足踵、左足尖為軸向左擰旋，帶動上體旋轉90°，左足尖向東，右足尖向東南，成左虛步；同時，隨身體左轉，雙掌微俯，略向內合，手領眼隨；定勢時目光平視，面向東南（圖3-14）。

**動作三**：身體鬆沉，右足踏實，左胯微向上抽，右腰胯托起左胯；左膝似線上提，左足向前輕輕鑱出，足踵落地踏穩；目視東方遠處（圖3-15）。

**動作四**：左足鬆沉落平，左腿彎弓，右足蹬地，上身左旋，尾閭落遠，重心前移，成左弓步；同時，左臂內旋、左掌坐腕前按，掌心側向前，高不過口，左掌與左足要上下相合，上與鼻尖，「三尖相照」；右掌向右掤出，與肩同齊，右腿前蹬和左掌一氣貫穿；雙目注視遠方落放點，面向東方（圖3-16）。

· 圖3-14　　　　· 圖3-15　　　　· 圖3-16

定勢時提頂吊襠，裏襠護肫，氣沉丹田，湧泉鬆沉，兩足踏穩，落地生根，意貫右掌勞宮，勁達指尖，前手似龍頭，後手如龍尾，舒展中求緊湊，氣勢逼人，卓爾不凡。

## 第五式 · 提手上勢

**動作一**：左足向右撐旋，足尖衝南落平，帶動腰、胯、身同時向右旋轉；隨身體右旋，左臂內旋向上劃弧移於頭部左前方，掌心斜向外，手指斜向上，鬆肩沉肘，臂圓撐；右掌下落至右胯側，掌心向下，臂呈圓弧形；面向南方（圖3-17）。

**動作二**：身體微向右旋，右足尖點地，成右虛步；同時，左臂劃弧下落，右臂劃弧上提，雙臂合於腹前，左掌豎立，掌心側向前，右臂環抱，掌心朝裏；

右足、左掌、鼻尖「三尖相照」，目光逼視遠方，有前擠之意（圖3-18）。

· 圖3-17

· 圖3-18

該式雙臂迴環，要氣勢飽滿，拳勢運作要「中正安靜，八面支撐」，提手動作，隨屈就伸，八法暗富，剛柔相濟。

## 第六式・白鶴亮翅

**動作一**：接上式，左足湧泉微向右旋，上體右轉；同時，雙臂外旋，掌心向內，右掌自腹部向上提起至胸，左掌置於右前臂內；目向前視，面向西南（圖3-19）。

**動作二**：左腿屈膝坐穩，右膝上提，右足向前輕輕鏟出；同時，右臂邊外旋邊向上弧形掠起，至額前上方，掌心側向右後；左掌置於右肘內側；目視前方（3-20）。

**動作三**：左足蹬地，上體微右旋，右足蹬穩，重心前移，尾閭前送，成右弓步；同時，雙掌內旋，掌心略向前，右掌向右劃弧，停於右額前上方，左掌坐腕前按，高與胸齊，兩掌虎口遙遙相對，鼻與右足、左手「三尖相照」；目視遠方落放點（圖3-21）。

・圖3-19　　　・圖3-20　　　・圖3-21

動作四：左膝向右略移，與左足對準，左腿胯根內收屈膝坐穩，身體重心緩緩後移，右腿自然舒伸，成後坐步；同時鬆肩沉肘，雙臂微向裏合，掌根下塌按於腹前；目向前視（圖3-22）。

上勢不停，胸腹內含，雙掌微向外劃弧上提至胸部，掌心斜向前下，左足蹬地，右腿前弓，重心前移，雙掌坐腕徐徐按出，合於胸前，高與肩平，掌心略向前；同時，左足向前跟至右足踵左後側，足尖點地，左膝與右膝彎似挨不挨，兩足呈三角形；目向前視，有意遠勁長之意（圖3-23）。

・圖3-22

・圖3-23

要點 鶴有展翅飛翔之能，一鶴衝天之勢，兩翅彈抖，爆發力強。

舒展中寓緊湊，緊湊中求舒展，運勢要嚴守提頂吊襠，鬆肩沉肘，裏襠護臀，尾閭前送，夾脊後鼓的身法。

## ▋第七式・左摟膝拗步

動作一：左足移至右足後，足尖點地，以右足踵為軸，

身體向左旋轉約135°；同時，兩臂放鬆隨身體左旋，右腿落胯屈膝踏穩，身體接向右微旋，兩臂隨身體弧形上提，右掌上掤於面前，掌心向裏，指尖朝前，左掌隨之屈肘上截與右掌相合，掌心向外，指尖向右上，雙肘鬆垂；目視左前方（圖3-24）。

動作二：右腿鬆沉，隨之右胯托起左胯，左膝上提，足尖上屈，向東北方輕輕鏟出，腳掌落下踏實，右足蹬地，右腿自然伸展，上體左旋裹襠，成左弓步；

同時，左掌弧形下摟於左膝外側，掌心向下，指尖向前，肘微外撐；右臂鬆肩沉肘，以中指領勁，內旋坐腕立掌向前按去，高與口平；目視遠方落放處，意在右勞宮，面向東北（圖3-25）。

· 圖3-24

· 圖3-25

動作三：右腿落胯屈膝踏穩，身體右旋重心移於右腿成後坐步；同時，右掌內旋，掌心向外，屈臂向右斜捋，左掌隨之，兩掌右上左下於面前落止（圖3-26）。右腿向下鬆沉，左胯根內收，尾閭帶動身體左旋，雙掌順勢向左下引

化，至面向東北，雙掌止於兩胯前，目光引導雙掌右将左引；目視前方（圖3-27）。

接著右足蹬地，左腿前弓，重心前移，雙掌徐徐按出，合於胸前，高與肩平，掌心略向前，同時，右足跟步至左足右後側，足尖點地，右膝與左膝彎似挨不挨；目向前視，有意遠勁長之勢（圖3-28）。

要點 摟膝拗步，源於腰脊，勁貫四梢，步隨身換，勁力整脆，運作要上下相隨，協調細膩，寓輕靈圓活於鬆靜沉穩之中，體現出「立如平準，活似車輪」的風采。

・圖3-26　　　　・圖3-27　　　　・圖3-28

## ▍第八式・左手揮琵琶勢

**動作一**：右足提起後退，落膝屈膝踏穩，重心移至右腿，左腿隨動收回，足尖向東點地，成左虛步；身體同時向右微旋，右臂隨身動右旋回收至腰前右方，掌心向上，腕部鬆沉，下與右足相合；左掌外旋隨左足收回，上提至腹前，掌心向裏（圖3-29、圖3-30）。

動作二：右足湧泉向左擰旋，身體微向左旋，左足鏟地蹬出，足踵著地，成右後坐步；左掌自腹前向左上揮出，掌心向右，高與口平；右掌內旋，掌心向左，上提與左肘同高，拇指與心口平齊，左掌與左足「三尖相照」；面向正東，目平視前方（圖3-31）。

要點 本式外示安逸，內隱殺機，右旋左轉，下落上翻，外揮內合，如旋風般旋捲揮出，打出伸縮自如的揮勁。

・圖3-29　　　　　・圖3-30　　　　　・圖3-31

## ▍第九式‧左迎面掌

動作一：右足湧泉右碾，身體右旋，成左虛步；隨身體右旋，雙臂外旋，左掌向右肩窩掩裹，右掌沿左臂外側抄起，掌心向右後擰旋，指尖向上，置於右額上方，下與右足相應，左掌貼於右前臂內側，掌心向裏；目視右掌，面向東南（圖3-32）。

動作二：右腿鬆沉，湧泉左旋，左足向東北方輕輕鏟出，足踵著地，腳掌再落地踏穩，右足蹬地，身體左旋，尾閭前送，兩股裹合，成左弓步；同時，雙掌內旋，左掌自胸

・圖3-32

・圖3-33

前向左膝前下塌，掌心向下，右臂鬆肩沉肘，坐腕立掌向左前方按出，有上挫之勢，高度與鼻平；意在右勞宮，雙目注視遠方落放點，面向東北（圖3-33）。

要點 兩掌上抄，意向上升，伸縮自如，重心不可上升，要自然協調。

向前按挫發勁，要氣勢下沉，勁遠意長。

## ▌第十式・右摟膝拗步

**動作一**：左足尖微向裏扣，落胯屈膝踏穩，右足尖虛點於左足前，成右虛步；隨之身體微向右旋，同時，右臂外旋自下向左上劃弧上掤停於面前，掌心向裏，指尖向前；左掌向下、向外再向上，雙肘鬆垂；目視左掌，意在左掌外關穴（圖3-34）。

**動作二**：左腿鬆沉，左胯微收，右足尖鏟出，足踵著地；同時，右掌下落輕按於腹前，掌心向下，指尖向左；左掌微上提，掤於右太陽穴處，掌心向裏，指尖向前；目視前方（圖3-35）。

動作三：接前勢，左足蹬地，身體右旋，尾閭前送，兩股靠攏裹襠，成右弓步；同時，右掌隨身體右旋，向右膝前劃弧下摟，護於右膝外側，掌心向下，指尖向前，肘部微撐，與左掌呼應；左臂鬆肩沉肘，中指領勁，內旋坐腕立掌向前按去，五指微展，掌根外吐，高與口平；目視遠方落放點，意在左勞宮，面向東南（圖3-36）。

· 圖3-34　　　· 圖3-35　　　· 圖3-36

動作四：左足湧泉左旋，身體隨之左旋，重心後移，左腿落胯屈膝踏穩；同時，左掌內旋，掌心向外，屈臂向左上斜捋，右掌隨之，兩掌左上右下，至面前止（圖3-37）。接著左腿再次鬆沉，右胯根內收，身體右旋，雙掌向右下引化，至面向東南方，兩掌止於胯前，掌心向下；目光隨兩掌左捋右引，定勢目光前視（圖3-38）。

接著左足蹬地，右腿前弓，重心前移，雙掌徐徐按出，合於胸前，高與肩平，掌心略向前，兩勞宮相互吸引之意；同時，左足跟步至右足左後側，足尖點地，左膝與右膝彎似挨不挨；目向前視，有意遠勁長之勢（圖3-39）。

・圖3-37　　　　　・圖3-38　　　　　・圖3-39

要點　本式要著重「欲右先左，欲左先右，欲上先下，欲下先上」的身法，其他同左摟膝拗步。

## ▌第十一式・右手揮琵琶勢

動作一：左足提起後退，足尖向東北，左腿屈膝踏穩，右腿收回，足尖點地向東，成左虛步；同時，身體向左微旋，左臂隨身體外旋回收至腰前左方，掌心向上，腕部鬆沉，下與左足相合；右掌外旋隨右足回收，自下而上提至腹前，掌心向裏（圖3-40、圖3-41）。

動作二：左腿不動，左足湧泉向右擰旋，尾閭帶動身體右旋，右足鑽地蹬出，足踵著地，尾閭與左足踵對正；同時，右掌自腹前向右上揮出，掌心向左，高與口平；左掌內旋，掌心向右，上提與右肘同高，拇指對向心窩，鼻尖、右掌與右足尖「三尖相照」；面向正東，雙目向前平視（圖3-42）。

・圖3-40　　　　　・圖3-41　　　　　・圖3-42

要點 同左手揮琵琶勢。

## ▌第十二式・右迎面掌

動作一：左足湧泉左碾，身體左旋，右足回收，足尖點地，成左虛步；同時，雙臂外旋，右掌向左肩窩處掩裹，左掌自右臂外側向上抄起，掌心向左後撐旋，指尖向上，置於右額上方，右掌貼於左前臂內側，掌心向裏；目視左掌（圖3-43）。

動作二：左足湧泉右旋，右足輕輕向東南方鑱出落地，左足蹬地，身體右旋，尾閭前送，落右胯，送左胯，兩股裹襠，成右弓步；

同時，雙掌內旋，右掌自腹前向右膝前下塌，掌心向下；左臂鬆肩、沉肘、坐腕、立掌向右前方按出，五指微展，掌根吐勁，高與鼻平；意在左勞宮，面向東南，雙目注視遠方落放點（圖3-44）。

・圖3-43　　　　　　　　　・圖3-44

要點 同第九式左迎面掌勢。

## ▋第十三式・左摟膝拗步

**動作一**：右足向左撐旋，帶動身體左旋約45°，右腿落胯屈膝踏穩，左足上步至右足左前方，足尖點地，成右虛步；右掌外旋自腰弧形上提至右臉頰處，掌心向內，指尖向前；左掌停於胸前，掌心向右，護住中線；面向東方，目向前視（圖3-45）。

**動作二**：接上勢，右腿鬆沉坐穩，湧泉撐鑽左旋，左足輕輕向東北方鏟出，足跟著地，右足蹬地，左足落地鬆沉踏穩，重心前移，成左弓步；

同時，左掌隨身體左旋，自胸前向左膝弧形下摟，護於左膝外側，掌心向下，指尖向前，肘微外撐；右掌立掌向前按去，掌根吐勁；高與口平，目視前方，意在右勞宮，面向東北（圖3-46、圖3-47）。

要點 同第七式左摟膝拗步。

· 圖3-45　　　　· 圖3-46　　　　· 圖3-47

· 圖3-48　　　　· 圖3-49　　　　· 圖3-50

## ▌第十四式·上步搬攬捶

　　動作一：左足裏扣約45°，帶動腰、胯、身右旋；同時，右掌右移，掌心側向前；左掌左展，掌心向下；面向東南方，目視右掌（圖3-48）。

動作二：左腿落胯屈膝踏穩，腰胯先略左旋再右旋；右掌握拳，以肘為軸，隨腰胯旋轉之勢，自中線左下向右上劃一圓弧外搬，拳心向上，勁點在橈骨處；同時，右腿屈膝提起向前踏出；左掌自左後向上、向右前方劃一圓弧按於右拳之前，掌心向下；目向前視（圖3-49—圖3-51）。

上勢不停，右腿前弓，成右弓步；同時，右肘微張，右拳後抽，拳心向上，虎口朝右，止於右肘前；左掌坐腕立掌隨身前按，掌心側向前；面向東南；目視前方，意在左掌小魚際處。此為「搬法」（圖3-52）。

・圖3-51　　　　　・圖3-52　　　　　・圖3-53

動作三：右足裏扣約45°，帶動胯腰身右旋，右腿落胯屈膝坐穩，左足上步至右足前，足尖點地，成右虛步；同時，左掌隨身動邊內旋邊向左下攔截，虎口朝下，掌心向左；右臂向外微張；面向東方，雙目前視，意在左掌勞宮（圖3-53）。

上勢不停，右腿鬆沉踏穩，體微右轉；同時，左臂先內旋後外旋自左下劃弧向胸前攔截，掌心向下，勁點在左前臂；右拳外旋提於腹前，拳心向裏；目光隨左掌下攬注視前

方目標。此為「攬」（圖3-54）。

　　**動作四**：左足輕輕向前鑱蹬，足踵落地，右足蹬伸，成左弓步；同時，左掌隨體前移略向內旋，右拳上提至胸自左腕向前打出，高與胸平，拳背斜向上，右拳握緊，意在右拳，鼻尖、左弓步要「三尖相照」，接著右足跟步至左足右後側，呈三角形，打追勁之意；面向東方。目視遠方落放點（圖3-55、圖3-56）。

・圖3-54　　　　　・圖3-55　　　　　・圖3-56

　　要點　搬攬捶先搬後攬，層次清楚，變化豐富，攻防兼備，「捶由心生，拳隨意發」；發力如泉湧，似皮燃火，一發即至。

## ▎第十五式・如封似閉

　　**動作一**：右膝向右略移，與右腳尖虛虛對準，身體重心後移，右腿鬆胯坐穩，尾閭與右足踵對正，左腿自然舒伸；同時，左掌外旋沿右臂下前掤，掌心向內，下與左足對正；右拳微向左移，鬆開變掌外旋回於右腕尺骨處，掌心向內；面向東方，雙目前視，意在左腕橈骨處（圖3-57）。

動作二：右腿鬆沉踏穩，左足收回虛點，成左虛步；同時左掌回收，胯根內吸，邊內旋邊向左下挒採，右掌同時內旋下按，雙掌停於腹前，掌根下塌；目向前視（圖3-58）。

・圖3-57

・圖3-58

動作三：左足輕輕向前鑱出，足踵落地，右足蹬地，尾閭前送，重心前移，右足掌落地踏穩；

同時，雙掌上提，徐徐推出；右足跟至右足踵右後側，足尖點地，右膝與左膝彎似挨不挨；目視遠處落放點（圖3-59、圖3-60）。

・圖3-59

・圖3-60

要點 「封」是逢迎以自固，「閉」係前進以逼敵。人進我退，封有「引進落空之妙」，彼退我攻，閉合「合即出」之威，化發自如，陰陽相濟。

兩掌發力，勁在腰攻，剛柔並舉，協調完整，閃開正中定橫中。

## ■第十六式・抱虎推山

動作一：右足提起移至左足踵後，足尖點地，以左足踵，右足為軸，向右後擰旋，身體後轉約180°；同時，右肘向右微張；左掌外旋向上揚，指尖向上，掌心向右；目光隨右掌上揚，面對西方（圖3-61）。

動作二：左腿屈膝坐穩，身體微右旋，右足向右前西北方邁出，落地踏實，蹬左腿，成右弓步；隨重心前移，右掌自胸前向右膝前按去，護於右膝右側，掌心向下，指尖向前；左掌微揚，掌心向右；雙目前視，面向西北。（圖3-62）。

・圖3-61　　　・圖3-62　　　・圖3-63

動作三：右足踏穩，左足向前邁，弓左腿，蹬右腿，成左弓步；同時，左掌順左足方向劈下，接著鬆肩沉肘，微向前推，高與口平，掌心側向前；右掌配合左掌下劈前推之勢內旋回採於腹前右側，掌心向下；目光注視落放點（圖3-63）。

要點 「抱」者，縛也，控制之意，不必強做摟抱解；「推」者，撼也，擲放之意，不必強做推移解。運勢意動身隨，步法多變，靈活聯貫，婉轉自然，協調合拍，一氣呵成。

## ▌第十七式 · 退步懶紮衣

動作一：接前式，重心右移，右腿屈膝踏穩，同時重心後移，左腿自然舒展，收回足尖點地；隨身體重心後移，右掌內旋掌心向下緩緩捋回。

接著鬆右胯，腰右旋再向左旋，在身體帶動下，右掌自右後向上劃一圓弧向胸前按出，掌心向左，高與口平；目視右掌，仍向西北方（圖3-64—圖3-67）。

· 圖3-64

· 圖3-65

・圖3-66　　　　　　　　　・圖3-67

　　**動作二**：左腿鬆沉踏實，左胯托起右胯，右腿似線上提，右足輕輕向前剗平，腳掌落下踏穩，左足蹬地，體右旋，尾閭前送，落胯裹襠，成右弓步；同時，雙掌內旋，掌心略向前，右上左下，隨身體前移徐徐向前擠出，右掌高與鼻齊，左掌高同右肘；雙目注視遠方落視點（圖3-68）。

　　**動作三**：左膝向右略移，與足尖對正，左腿落胯屈膝踏穩，右腿自然舒伸，成後坐步；右胯根微向回抽，右掌內旋，掌心向下，自上順右腿捋回，至右腹前，左掌同時內旋，掌心向下按至左腹（圖3-69）。

・圖3-68　　　　　　　　　・圖3-69

接上勢，胸腹微含，雙手上提至胸前，掌心向前下，雙掌徐徐按出，高與肩平，掌心略向前；同時，左足蹬地，右腿前弓，重心前移，左足跟步至右足左後側，足尖點地，左膝與右膝彎似挨不挨；眼神注視遠方落腳點（圖3-70）。

要點 上式抱虎推山旋身前進，懶紮衣是撤步後退，步隨身換，雙掌如環，務要配合協調，立身穩定如平準，肩膀旋轉活似輪，靈活自然，渾然一體。

## ▌第十八式 · 單鞭

**動作一**：左足內扣90°，鬆胯踏穩，鬆肩沉肘，雙掌微向下按，意欲左旋（圖3-71）。

**動作二**：右足鬆沉落實，穩定重心，左胯微向上抽，右胯托起左胯，左足輕輕向前鑱出，足踵著地；目視東方（圖3-72）。

· 圖3-70　　　　· 圖3-71　　　　· 圖3-72

**動作三**：左足落平踏穩，左腿前弓，右足蹬地，身體左旋，重心前移，成左弓步；同時，左臂內旋坐腕前按，指尖

• 圖3-73                     • 圖3-74

向上，掌心側向前，高不過口，左肘與左膝、左掌與左足要上下相合，左掌、左足與鼻尖成「三尖相照」；右掌同時向右掤出，與肩同高，掌心向前，指尖側向上，下與右足尖相應，左掌右腿要貫穿一氣；雙目注視遠方落放點，意在左掌勞宮，勁達指尖，面向正東方（圖3-73）。

要點 本式單鞭回轉是大幅度旋轉約220° 動作時，要身體端正，裹襠護肫，開展中求緊湊，平淡中見神奇，動作時圓潤舒暢，銜接自然，一氣貫穿，渾然天成。

## ▌第十九式・提手上勢

動作一：左足向右擰旋約45°，足尖沖南方落平，同時身體右旋，右足收回輕輕上提，成左獨立步，重心置於左腿；隨身體右轉，左臂內旋移於左額上方有下按之意；右掌內旋劃弧下落至右胯前，掌心向下；面向南方（圖3-74）。

動作二：左腿鬆沉踏實，右足尖落下虛點；左掌下落至右腕上方，掌心側內外，指尖向上；右臂上抬，右掌合抱至胸前，掌心向內，指尖向左；眼光注視左掌，意在蓄勢（圖3-75）。

・圖3-75　　　　　　　　　　　・圖3-76

　　動作三：右足落平踏實，右腿前弓，左足蹬地，重心前移，成右弓步；同時，左掌下移至右掌大魚際處相合，沉肘坐腕，雙掌合力向前擠出，高與口平；目向前視落放點（圖3-76）。

　　要點　隨身右旋，左掌下按，右掌自右下經胸前向右上劃弧揮出，要氣飽滿，如風掀浪起，圓轉如意。向前擲發，勁勢如山。

## ■ 第二十式・回身白鶴亮翅

　　動作一：以左足尖為軸，帶動身體向左旋轉約135°，接著右足上步點於左足前，成右虛步；同時，左掌內旋左捋按於胸前，掌心側向外，右掌外旋左移掌心向上，兩掌左上右下如抱球狀；目光引領身體左旋（圖3-77）。

　　動作二：上勢不停，左腿落胯屈膝踏穩，右足足尖點地，成左虛步，接著左腿鬆沉，胯跟內收，身體微向右旋；同時，左掌外旋上掩於右肩之前，掌心向裏；右掌下沉落於左胯之前，掌心向上；面向東南，目視東南方（圖3-78）。

　　動作三：左腿屈膝坐穩，右足輕輕鏟出，身體微右旋；

同時左掌下採於心窩處；右掌上掤，高與口平，掌心向裏；目向前視（圖3-79）。

動作四：右足落平踏穩，右膝前弓，左足蹬地，重心前移，成右弓步；同時，右臂內旋上掤於右額上方，掌心向外，指尖向上；左掌內旋向前按出，掌心側向前，指尖向上，高與口平，鼻尖、左掌、右足「三尖相照」；目視遠方落腳點（圖3-80）。

· 圖3-77

· 圖3-78

· 圖3-79

· 圖3-80

要點 本式身靈步活，以身帶臂，乍合復展，如鶴舞長空，盤旋回轉，振翅翱翔，悠然自得，瀟灑自如，心意引形，意氣飛揚的神韻。

## ▌第二十一式・肘底看捶

**動作一**：左腿微後移屈膝坐穩，身體左轉，重心置於左腿，右腿收回、足尖點地，成左虛步；同時，右掌握拳屈肘外旋向胸前回掩，拳心向裏，高與口平，下與右足相對；左掌右移，掌心沾於右肘裏側，有掩護之意；面向東方，目視右拳（圖3-81）。

**動作二**：左腿屈膝坐穩，右足前移，足踵著地，重心仍在左腿；胸腹微含，右拳裏屈，順胸前中線向前打出，拳心側向右；左掌護於左肘裏側；微向東南，目向前視（圖3-82）。

· 圖3-81

· 圖3-82

**動作三**：接上勢，重心前移，右腿屈膝踏穩，左足上步，成右虛步；同時，左手握拳外旋，自右臂外上穿擊出，

・圖3-83　　　　・圖3-84　　　　・圖3-85

掌心向裏，下與左足相合；目向前視（圖3-83）。

　　動作四：右腿鬆沉坐穩，湧泉左旋帶動腰身左旋，左足尖輕輕向前鏟出；左拳鬆開變掌，借身體左旋之勢，以肘為軸內旋左捌，指尖向上，掌心側向前；右拳順勢自左肘下擊出，掌心向左後，上與左肘、下與右足相合；目光注視遠方，有意遠勁長之意（圖3-84）。

　　要點　肘底看捶，晃上打下，上下相隨，有拳訣「雙拳翻飛似流星，葉底藏花技法精」，雙拳此起彼伏，顧打兼用，不僵不拘，靈活無滯。

## ▌第二十二式・左倒攆猴

　　動作一：右腿鬆沉，左足收回虛點，身體向右旋轉；同時，右掌外旋自左臂外側向右上方抄起，指尖向上，掌心向裏，停於面前，下與右足相應；左臂屈肘外旋回掩，掌心附於右肘裏側；身向東方，目視右掌（圖3-85）。

　　動作二：右足湧泉左碾，左足向左後方「滑」出，足踵

・圖3-86　　　　・圖3-87　　　　・圖3-88

裏扣，帶動身體左旋，接著左足踏穩，重心移向左腿，右足
跟步至左足踵右後，足尖點地，右膝與左膝彎似挨不挨；借
身體左旋之勢，左掌內旋自胸前劃弧下按於左膝之前，掌心
下扣，指尖斜向前；右臂鬆肩沉肘邊內旋邊向左前方按出，
坐腕豎掌，指尖向上，掌根外吐，與鼻尖、左足「三尖相
照」；面向東北，目視前方落放點（圖3-86）。

　　動作三：重心後移，右腿落胯坐穩，左腿自然舒展，成
後坐步；右掌隨身後移內旋下移至胸前，掌心向左；左掌外
旋自左下劃弧向胸前中線截攔，高不過口，兩掌相合，左上
右下，掌心相向，有夾擊絞挫之意；目向前視（圖3-87）。

　　動作四：左胯根內收，帶動左足回收，足尖點地，成左
虛步；同時，雙臂內旋下按，微向外分，掌根下塌，按於腹
兩側，掌心斜向前下（圖3-88）。

　　然後，左足尖輕輕鏟出，足踵落地，足掌緩緩踏下，右
足前蹬，重心前移，左膝前弓，左腿落胯屈膝踏穩，右足跟
步至左足踵右後側，足尖點地，右膝與左膝彎似挨不挨；同

時，雙掌前移徐徐向前按出，合於胸前；面向東北，目向前視（圖3-89）。

要點 本式以退為進，斜撤是為了得橫，「閃開正中定橫中」，擊敵之側，含退中寓進之意。

合手則寓合先化，化中寓引，引之落空，沉勢疾發，「引進落空合即出」之謂。

・圖3-89

## ▌第二十三式・右倒攆猴

動作一：右足提起移至左足後，足尖點地，以右足踵、左足尖為軸，身體向右後轉約180°，左腿落胯，屈膝踏穩，兩腿左實右虛，成右虛步；同時，右臂肘內旋下沉，順右足之勢回擊，下與右足相合；左掌外旋，上掤於左耳前，掌心向裏，兩掌指尖微挨；目光順右肘前注視，面向西南（圖3-90）。

・圖3-90　　　・圖3-91　　　・圖3-92

動作二：右足輕輕向前鑱出，重心前移，右腿屈膝踏穩，左足跟步至右足踵左後側，兩足呈三角形；同時，右掌內旋向右膝前劃弧下塌，掌心微向前下，指尖斜向左；左掌內旋順勢向面前打出，指尖向上，掌心側向前方，與鼻尖、右足「三尖相照」；面向西南，雙目注視前方目標（圖3-91、圖3-92）。

動作三：重心後移，左腿落胯屈膝踏穩，右腿自然舒伸，成後坐步；同時，左掌內旋下按於腹前，掌心向右，右掌外旋向胸前攔截，高不過口，兩掌右上左下，掌心相向，有絞挫之意；雙目前視（圖3-93）。

動作四：右胯根內收，右足收回，足尖點地，成右虛步；同時，雙臂內旋下按向外微分，掌根下塌，掌根斜向前下方，分按於腹前兩側（圖3-94）。接著右足輕輕鑱出，著地後，右膝前弓，重心前移，右足屈膝踏穩，左足跟步至右足踵左後側，足尖點地，成三足形；同時，雙掌上提向前徐徐按出，合於胸前；面向西南，雙目前視，有意遠勁長之勢（圖3-95）。

要點 同第二十二式左倒攢猴。

・圖3-93　　　　・圖3-94　　　　・圖3-95

## ▌第二十四式・左倒攆猴

**動作一：**接前式，左足提起移向右足跟右側方，足尖點地，以左腳尖、右腳跟為軸，向左後方擰旋至面向西北方，身體左旋270°；同時，左臂內旋，左肘下沉，順勢左擊，下於左足相應；右掌外旋上掤至耳前，掌心向裏，兩掌指尖微挨；目光順左肘向前注視（圖3-96）。

**動作二：**左足尖輕輕向前鏟出落平，重心前移，左腿落胯屈膝踏穩，右足跟步至左足左後側，膝有上頂之意，兩足呈三角形；同時，左掌內旋向左膝前劃弧下塌，掌心微向前下，指尖斜向右；右掌內旋順勢向前打出，掌心側向前，指尖向上，與鼻尖、左足「三尖相照」；面向西北，雙目視向前方（圖3-97）。

**動作三：**重心後移，右腿屈膝坐穩，左腿自然舒伸，成後坐步；同時，右掌下按於胸前，掌心向右；左掌外旋向胸前中線攔截，高不過口，兩掌左上右下，掌心相向，有絞挫之意；雙目前視（圖3-98）

・圖3-96　　　・圖3-97　　　・圖3-98

動作四：左胯根內收，左足收回，足尖點地，成左虛步；同時，雙臂內旋下按向外微分，掌根下塌斜向前下方，分按於腹前兩側（圖3-99）。接著左足輕輕鏟出，著地後左膝前弓，重心前移，左腿屈膝踏穩右足跟步至左足踵右後側，足尖點地，成三足形；同時，雙掌上提向前徐徐按出，合於胸前，兩勞宮有相互吸引之意；面向西北，雙目前視（圖3-100）

· 圖3-99

· 圖3-100

要點 該式自第二十三式右倒攆猴面向西南轉至第二十四式左倒攆猴面向西北，轉動角度較大，轉動要如珠走玉盤，順暢自如，其餘要點同前式倒攆猴。

## 第二十五式·右倒攆猴

動作一：右足提起，移至左足踵後，足尖點地，以左足踵、右足尖為軸，身體向右轉約180°，左腿落胯屈膝踏穩，兩腿左實右虛，成右虛步；同時右臂內旋，右肘下沉，順勢回擊，下與右足相應，左掌外旋上掤於左耳前，掌心向

裏，兩掌指尖微挨；面向東南，目光順右肘向前注視（圖3-101）。

**動作二**：右足輕輕提起，足尖向前鑣出，足掌落平，重心前移，右腿落胯屈膝踏穩，左足跟步至右足踵左後側，膝有上頂之意，足尖點地；同時右掌內旋向右膝前劃弧下塌，掌心微向前下方，指尖斜向左；左掌內旋順勢向前打出，指尖向上，掌心側向前，與鼻尖、右足「三尖相照」；面向東南，目視前方（圖3-102）。

・圖3-101　　・圖3-102　　・圖3-103

**動作三**：重心後移，左腿屈膝鬆胯坐穩，右腿自然舒伸，成後坐步；同時，左掌內旋下按於腹前，掌心向右；右掌外旋向胸前中線攔截，高不過口，兩掌左上右下，掌心相向，有絞挫之意；目向前視（圖3-103）。

**動作四**：右胯根內收，帶動右足收回，足尖點地，成右虛步；同時，雙臂內旋下按外分，掌根下塌，掌心斜向前下，分按於腹前兩側（圖3-104）。

接著右足輕輕向前鑣出，緩緩落平，右膝前弓，重心前

・圖3-104　　　　　　　　　　・圖3-105

移，右腿屈膝踏穩，左足跟步至右足踵左後側，足尖點地，左膝與右膝彎似挨非挨；同時雙掌上提隨身動之勢向前按出，合於胸前，兩勞宮有相互吸引之意；面向東南，雙目向前注視（圖3-105）。

## ■第二十六式・提手上式

動作：右腿穩定重心，左足向左前方滑出，隨即落胯屈膝落穩，身體右旋約45°，右足收至左足右前方，成右虛步，同時，雙掌順時針方向劃一半圓，左掌上挫，高與口平，掌心斜向右外，指尖向上；右掌在下，掩於腹前，掌心斜向左外，指尖向上，兩掌勞宮有相吸相引之意；面向西南方，目光關注雙掌，向前注視（圖3-106、圖3-107）。

要點 本式與第五式提手上勢比，動作要小，但在緊湊中要舒展，其竅要是，腋下虛空，掌隨身轉，而不踰越胸前中線，滑步撤身旋轉，要上下協調，中正平穩，不可凸臀彎腰。

・圖3-106

・圖3-107

## ▍第二十七式・白鶴亮翅

**動作一**：左腿坐穩，右足向前輕輕鏟出；同時，右掌外旋沿左臂外側上穿至面前，掌心側向右後，指尖向上；左掌外旋落下護於胸前，掌心向裏；目視前方。（圖3-108）

**動作二**：右足落下鬆沉踏穩，左足蹬地，體微右旋，尾閭前送，兩股裹襠，成右弓步；同時，雙掌內旋，右掌向右劃弧，停於右額前上方，指尖向上，掌心側向前；左掌舒臂坐腕前按，高與胸齊，兩掌虎口遙遙相對，鼻尖與左掌、右足「三尖相照」；目視遠方落放點（圖3-109）。

**動作三**：左膝向左略移，左胯根內收，左腿後坐，重心後移，成後坐步；同時，鬆肩沉肘，雙臂微向裏合，掌根下塌落於腹前；目視前方（圖3-110、圖3-111）。

上勢不停，胸腹略含，雙掌向外劃弧上提至胸，掌心斜衝前下，接左腿蹬地，右腿前弓，左足跟至右足踵左後側，足尖點地，左膝與右膝彎似挨非挨；同時，雙掌坐腕徐徐按

出，合於胸前，高與肩平，掌心側向前，雙目前視，意遠勁長之勢（圖3-112）。

要點 動作一與第六式白鶴亮翅的動作一不同，不可忽略，其餘要點同第六式白鶴亮翅。

· 圖3-108

· 圖3-109

· 圖3-110

· 圖3-111

· 圖3-112

## ▋第二十八式 · 左摟膝拗步

**動作一**：接上式，以右足踵、左足尖為軸，向左撐旋，

身體旋轉約135°，左足成虛步；同時，兩臂放鬆隨體左旋，左掌順勢劃弧至左胯前，掌心斜向下，右掌自上掩至胸前，掌心左下落時意在右臂尺骨一側；目光引導身體左旋（圖3-113）。

動作二：右腿落胯屈膝踏穩，湧泉碾地微向右旋，體微右轉，隨體轉右掌繼續下落，經右腰側向右後方自下而上劃圓弧置於右耳前，掌心向裏，指尖向前；左掌同時屈膝上截與右掌相合，掌心向外，指尖斜向右上，雙臂鬆垂；目視左肘（圖3-114）。

動作三：右腿鬆沉坐穩，左足向東北方輕輕鏟出，腳掌落下踏穩，右足蹬地，胯腰左旋尾閭前送，落左胯，送右胯，兩股裏裹，成左弓步；同時，左掌隨身左旋，自胸前向左膝劃弧下摟，護於左膝外側，掌心向下，指尖向前，肘部微撐，與右掌相應；右掌以中指領勁，立掌坐腕向前按去，五指微展，掌根微吐，高與口平；雙目注視遠方落點，意在右勞宮，面向東北（圖3-115）

· 圖3-113　　　· 圖3-114　　　· 圖3-115

動作四：身體右旋，右腿落胯屈膝踏穩，重心移於右腿，成後坐步；隨身後移，右掌收回，左掌上提，雙臂環抱，雙掌合於胸前，掌心向下，在脊柱帶動下，雙肩雙胯，雙臂雙掌做360°平圓移動（圖3-116、圖3-117）。接上勢，右足蹬地，左腿前弓，重心前移，右足跟至左足右後側，足尖點地，右膝與左膝彎似挨不挨；同時，雙掌徐徐按出，合於胸，高與肩平，掌心側向前，目向前視（圖118）。

要點 參考第七式左摟膝拗步，久練此式可提高腰、胯、肩、軀幹在旋轉中的上下、左右、前後的位移活動，行拳中做到「力由脊發」，增強軀幹的衝擊能力，提高人體的速度和力量。

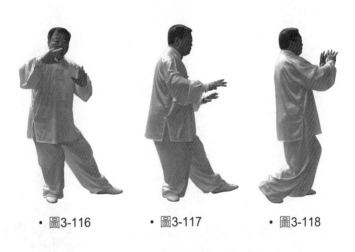

・圖3-116　　　・圖3-117　　　・圖3-118

## ▌第二十九式·左手揮琵琶勢

動作一：右足提起後退，足尖內扣，指向東南，落胯屈膝踏穩，左足收回，足尖向東點地，兩足成不丁不八步；同時，身體向右微旋，右臂邊外旋邊收回至右膝前，掌心向

上，腕部鬆沉，下與右足相合；左掌外旋先下後上自中線劃弧，上提至腹前，掌心向裏（圖3-119、圖3-120）。

動作二：尾閭帶動身體微向左旋，左足鑽地蹬出，足踵著地，成後坐步；同時，左掌自腹前向上揮出，掌心向右，高與口平；右掌內旋，掌心向右，上提至與左肘同高，拇指與心窩相對，鼻尖、左掌與左足「三尖相照」；面向正東，雙目視前方（圖3-121）。

・圖3-119　　　・圖3-120　　　・圖3-121

要點 同第八式左手揮琵琶。

## ■ 第三十式・舒身按勢

動作一：左足收回虛點；同時，左掌收回護於胸前中線，掌心向左，指尖向上；右掌微向下插，掌心向左，指尖向下；面向東方，目向前視（圖3-122）。

動作二：左足蹬地，右腿漸漸直

・圖3-122

立，左足仍點地；同時，上體向上舒展，左掌內旋下按護襠，掌心向下，指尖斜向右；右掌內旋上掤於頂，掌心斜向上，指尖向左；目向前視（圖3-123、圖3-124）。

動作三：右腿鬆沉落胯屈膝踏穩，隨同身體重心下降，右掌下按於腹前，掌心向下，指尖向左；左掌向上劃弧護於胸前中線，掌心向右，指尖向上；目向前視（圖3-125）。

[要點] 本式身體上下伸縮自如，雙掌如環上掤下按，此起彼落，要隨身勢展縮而行，嚴守身法，「立身中正安舒，八面支撐」之勢，不可乖離。

・圖3-123　　　　・圖3-124　　　　・圖3-125

## ▋第三十一式・青龍出水

動作一：右腿踏穩，上體抬起；同時，右掌外旋前伸，掌指向前，掌心向左；左掌合於右臂裏側，掌心向右，指尖向上；目視前方（圖3-126）。

動作二：接上勢，右腿鬆沉落胯坐穩，左足向前鑽出，足踵著地，左腿前弓踏穩，右足蹬地，右腿自然舒展，成左

弓步；同時，上體微右旋，右掌劃弧內旋上掤，掌心向前，停於右額前上方；左掌自胸前中線向前按出，掌與肩平，鬆肩、沉肘、坐腕、展指，掌根外吐，掌心側向右前；面向東方，目光注視遠方落放點，有內勁前發之勢（圖3-127）。

　　**要點** 青龍出水，走架時以意引形，以形傳神，雙臂迴環，輕鬆自然，勁力內含，乃轉身背胯挑托之法，重在反關節，勁勢凶猛，要打出瀟灑自如、神氣飛揚的韻味。

· 圖3-126

· 圖3-127

## ▌第三十二式 · 風擺荷葉

　　**動作一**：左足向右撐旋約120°，右足尖微提外擺衝西南點地，兩足仍為不丁不八步；同時，身體右轉，面向西南；左掌停於左額上方，掌心向外，指尖斜向右上；右掌護於胸前中線，掌心向左，指尖向上，兩掌有相互吸引之意；目向前視（圖3-128）。

　　**動作二**：上勢不停，左足踏穩，右足向右後撤回，落胯屈膝坐實，左足收回，虛點於右腳前，重心落於右腿；同時

兩掌內旋捋回，左掌停於胸前，右掌停於右腹前，掌心均側向下；目向前視（圖3-129）。

**要點** 雙臂運轉要與腳下撚旋、身體轉換配合協調，要步隨身換，脊柱如梗，雙臂似葉，以肩帶臂，方顯輕靈自如、圓活流暢之妙，注意拳法運用，形神合一，內外相符。

・圖3-128

・圖3-129

## ■ 第三十三式・三湧背

動作一：承上式，左膝前弓，右足蹬地，右腿自然舒展，重心前移，成左弓步；雙掌外旋向前徐徐推出，掌心側向前；面向西南，目光注視遠方落放點（圖3-130）。

動作二：左腿落胯屈膝踏實，身體右旋約45°，右足向前上步，足尖點地，成右虛步；同時，左掌向右劃弧掩於腹前，掌心向右，指尖向上；右掌自下劃弧上劈於胸前，高與口平，掌心向左，指尖向

・圖3-130

上，下與右足相應，兩掌有相裹之意；面向正西，目向前視（圖3-131）。

動作三：上勢不停，右腿上步屈膝前弓，落胯屈膝踏實，左足後蹬，左腿自然伸展，重心前移，成右弓步；同時雙掌右上左下隨左胯跟微收劃一小圓圈向前推出，右掌高與肩平，左掌與肘同高，掌心均側向前，指尖向上；雙目前視（圖3-132、圖3-133）。

・圖3-131　　　・圖3-132　　　・圖3-133

動作四：身體重心後移，左腿落胯屈膝踏實，右腿自然伸展，成後坐步；同時，鬆肩沉肘，兩掌下按於腹前兩側（圖3-134）。

上勢不停，胸腹微含，左足蹬地，右腿屈膝前弓，重心前移，左足跟進至右足左後側，足尖點地；同時，雙掌按出，合於胸前，高與肩平，掌心略向前；目向前視有意遠勁長之勢（圖3-135）。

要點 本式不可練成變相的懶紮衣，進中寓退，退中寓進，雙掌推出，都要胸腹內含，脊柱劃一豎圓，在脊柱帶動下運作，因此名「三湧背」，表示「源源不斷，力源久遠」。

· 圖3-134

· 圖3-135

## 第三十四式·單鞭

動作一：左足移至右足後點地，以右足踵為軸向左後旋轉約135°，右足尖向東南，右腿落胯屈膝踏實，左足尖向東，足尖點地，成左虛步；同時，雙掌微俯隨同身體左旋，略向內含；目光領導身體左旋（圖3-136）。

動作二、三同第四式單鞭的動作（圖3-137、圖3-138）。

要點 本式比第四式單鞭轉動角度略大45°，其餘要領同第四式單鞭。

· 圖3-136

· 圖3-137

· 圖3-138

## ▌第三十五式‧左紜手

**動作一**：接上式，身體先微左旋，接著右旋，重心後移，右腿落胯，屈膝踏穩，左足收回至右足前側，足尖點地，成左虛步；右臂先外旋再內旋向下、向左、再向上劃一360° 圓圈，後置於頭部右上方，掌心向前，指尖向左上方，要鬆肩沉肘；左臂劃弧，左掌按於左膝前，掌心向下，指尖向上，面對東南；目向前視（圖3-139、圖3-140）。

**動作二**：上勢不停，左膝似線上提，足尖向東南鏟出落穩，左腿自然舒展；同時，左掌上掤至胸前，掌心向裏；右掌下按於右胯側，掌心向下；目光引導身體左旋（圖3-141）。

**動作三**：上勢不停，左膝前弓屈膝踏實，右足蹬地，右腿自然舒展，胯根前掩裹襠，成左弓步，身體隨之左轉，重心前移；左掌上掤內旋左捌於頭頂之上，掌心向前，虎口斜向下；右掌上移於腹前，掌心向前，虎口向上，有前按之勢；兩掌虎口上下遙遙相對，有相吸相繫之意；面向東南，雙目注視遠方落放點（圖3-142）。

· 圖3-139

· 圖3-140

・圖3-141　　　　　　　　　　・圖3-142

 紜手之勢手似行雲，步若流水，五氣布體，八法咸備，兩足進退旋轉，暗藏盤扣蹬蹔，管插截攔八種腿技，湧泉擰旋走化，身體轉換摺疊，貫穿一氣，「尾閭正中神貫頂，滿身輕利頂頭懸」，充分體現「立如平準，活似車輪」的風韻。

## ▌第三十六式・右紜手

**動作一**：接上式，繼續微左旋，左掌下按，掌心向下，右掌自腹前中線上掤，掌心向裏，隨即左足向右擰扣，帶動身體右旋約90°，右足尖點地；

同時，左掌繼續下按於左胯前，掌心向下，指尖向右，左掌繼續上移掤於胸前，掌心向裏，指尖向上；面向正南，目向前視（圖3-143、圖3-144）。

**動作二**：身體繼續右旋，左腿鬆胯坐穩，右足輕輕向西北方鑔出，足踝著地，右膝前頂，左足蹬地，成右弓步；同時，右掌繼續內旋上掤於頂，掌心斜向上，指尖向左，虎口向下，有右捋之意；左掌上移於腹前，掌心向外，虎口向

上，有前按之勢；兩掌虎口遙遙相對，下與右膝相合；雙目注視遠方落放點（圖3-145）。

說明：平時練習紜手左、右各做四個，文字重複不再說明。下面接做左紜手（圖3-146─圖3-149）和右紜手（圖3-150─圖3-152）。

要點 參閱左紜手說明。

・圖3-143

・圖3-144

・圖3-145

・圖3-146

· 圖3-147　　　　　· 圖3-148　　　　　· 圖3-149

· 圖3-150　　　　　· 圖3-151　　　　　· 圖3-152

## ▌第三十七式・單鞭

　　**動作一**：右足裏扣，身體向左擰旋；同時，右掌向右劃弧下按，與肩同高，掌心向下；左掌外旋上掤至腹前中線，掌心向裏，指尖斜向上；面向南偏西，目光前視（圖3-153）。

　　**動作二**：右膝落胯屈膝踏穩，身體左旋，足尖向東南，重心落於右腿，左足尖向東，與右足成丁八步；同時，左掌內旋，右掌上提，兩掌合於胸前（圖3-154）。

• 圖3-153

• 圖3-154

　　動作三：左胯微向上抽，右胯托起左胯，左足向前輕輕
鑱出，足踵先著地後落平踏穩，左膝前弓，右足蹬地、腿自
然伸展，隨重心前移，身體一起左旋；左臂內旋坐腕前按，
指尖向上，掌心側向前，高不過口，左肩左胯，左肘左膝、
左掌左足要上下相合，左掌、左足與鼻尖「三尖相照」；右
掌同時向右搠出，與肩同高，掌心向前，指尖側向上，下與
右足尖相應，左掌右腿有貫串一氣之勢；面向東方，雙目注
視遠方，意在左掌勞宮，勁達指尖（圖3-155、圖3-156）。

• 圖3-155

• 圖3-156

要點 參閱前式單鞭說明。

## 第三十八式·提手上勢

**動作一**：左腿鬆沉坐穩，體微左旋，右腿提起向右前方上步，足尖點地，成右虛步；同時左臂內旋弧形上掤於頭左前上方，掌心斜向上，指尖向右上方；右掌外旋按於右胯外側；面向東南，目向前視（圖3-157）。隨即右掌繼續上提至腹前中線，左掌下落按於胸前，掌心斜向下，指尖斜向上（圖3-158）。

要點 參閱前式提手上勢說明。

・圖3-157

・圖3-158

## 第三十九式·左高探馬

**動作一**：身體微右旋，足掌上屈，足踵鏟出，右腿自然舒伸；同時左掌下按，掌心向下，指尖向右；右掌上提，掌心向下，指尖向右；左掌在外，右掌在內，合於胸前；目向前視（圖3-159）。

**動作二**：右腿屈膝前弓，重心前移，左足蹬地，左腿伸

展，成右弓步；同時身體微向右旋、右掌向右掤出，掌心向上；左掌向前捯出，掌心向下；目光隨兩掌右掤左捯後，向前注視（圖3-160）。

**動作三**：右足裏扣，身體左轉；同時，左掌內旋繼續左捯，掌心向左，小指側向上，護住胸前中線；右臂鬆肩沉肘，右掌掌心向上、向右後劃一圓弧於右耳側；面向東方，目視前方（圖3-161）。

· 圖3-159

· 圖3-160

· 圖3-161

· 圖3-162

動作四：右腿漸漸起立，左腿提起向左前方上步，足尖點地，成左虛步；同時，左掌外旋向下弧形攬於腹前，掌心向上；右掌內旋自右耳下向胸前挫按推出，高與下額平，掌心微向前下，指尖向左；兩臂微撐各成半圓形，雙掌遙相對；面向正東，目光注視遠方，觀顧右掌前按（圖3-162）。

要點 探馬即探騎，本式是舒身而起高探馬。運勢時，雙臂迴環，圓活協調合拍，展身起立，要提頂吊襠，鬆肩沉肘，豎起脊柱，湧泉鬆沉，有上下對拉、拔長身肢之勢。

## 第四十式・右起腳

動作一：右腿屈膝坐穩，身體微向右旋轉，鬆胸鬆肩引導兩掌向上劃弧，右掌外旋停於頭右側，左掌護於胸前。接著左足向左輕輕鑱出，落下踏實，弓左腿，蹬右腿，身體左轉成左弓步；同時，右掌向左捋按，停於胸前，高與肩平，掌心斜向左前，指尖斜向上；左掌內旋向左捋採，停於腹前中線、右肘旁，掌心向下；面向東北，目光向前注視（圖3-163、圖3-164）。

• 圖3-163

• 圖3-164

動作二：左足裏扣，穩定重心，身體微右旋；兩臂舒展向外、向下、再向上各劃一半圓合於胸前，右掌在外，左掌在內，掌心均向內；

面向東方，眼神觀注雙掌迴環，雙掌交叉後，右膝提起，目向前視（圖3-165、圖3-166）。

· 圖3-165

· 圖3-166

動作三：右腿鬆胯落穩，身體微向右旋，右足足面繃平向東南角緩緩踢出，高與腰平，勁點在小趾側；兩掌邊內旋邊向左右分開，先微向上（高不過眉），再弧形落下，雙臂不可過直，鬆肩沉肘，腕與肩平，掌心均側向外，右掌下劈與右腳相應；面向東南，目光觀顧右足前踢，從右掌上方向前注視（圖3-167）。

要點 本式運作，要注意鬆肩沉肘，兩臂走弧形，縈行交錯，均勻柔順，開展中寓緊湊；踢腿時，上下相

· 圖3-167

隨，氣沉丹田，左腿穩定，勁力達於右足，身軀卓立不動。

## ▌第四十一式・右高探馬

**動作一：**左腿鬆沉屈膝下蹲，右足回收落地踏穩，右腿弓，左腿蹬，成右弓步；同時右掌前按，高與胸平，左掌隨按於左後側（圖3-168—圖3-170）。

隨即，重心移於右腿，左足向前，足尖虛點於右腳前；同時，身體左轉，左臂屈肘向右劃弧至胸前中線，掌心向上，右臂內旋向右劃弧，至胸前中線，掌心向下，兩掌右上左下合於胸前，掌心相對；目視前方（圖3-171）。

· 圖3-168

· 圖3-169

**動作二：**上勢不停，左膝似線上提，左足鏟出落平，屈膝前弓，重心前移，右足蹬地，右腿自然伸展，成左弓步；體微左旋，左掌劃弧向左前方掤出，掌心向上；右掌向前捋出，掌心向下，下與左腿相應；目光觀顧兩掌左掤右捋後，向前注視（圖3-172、圖3-173）。

· 圖3-170

· 圖3-171

· 圖3-172

· 圖3-173

動作三：左足鬆胯踏穩，右足向前點地，成右虛步；同時右掌內旋繼續向右劃弧捌出，掌心向右，小指一側向上，護住胸前中線；

左臂鬆肩沉肘，左掌掌心向上、向右後劃一圓弧於左耳側；面向正東，目視前方（圖3-174）。

・圖3-174　　　　　・圖3-175　　　　　・圖3-176

動作四：左腿蹬地，身體微上拔；同時，右掌外旋向下弧形攬回於腹前，掌心向上；

左掌內旋自左耳下向胸前挫按推出，高與下頜齊，掌心微向前下，指尖向右；兩臂成半圓形，雙掌上下相對；面向東方，目視前遠方（圖3-175）。

## ▌第四十二式・左起腳

動作一：左腿落胯屈膝踏穩，右足向右前方輕輕鑣出，落地踏實，弓右腿，蹬左腿，成右弓步；

同時，身體先左旋再右旋，左掌先左上劃一圓弧向右捋採，停於胸前，護住中線，高與肩平，掌心斜向右前，指尖斜向上；

右掌內旋向右捋採，停於腹前中線，掌心向下；面向東南，目視前方（圖3-176、圖3-177）。

動作二：右足內扣，左足上提，右腿鬆胯踏實，體微左旋；兩臂同時向外、向下、再向上各劃一大半圓弧，然後十

・圖3-177

・圖3-178

・圖3-179

・圖3-180

　　字相交於腹前，左掌在內，右掌在外，掌心均向內；目光觀顧雙掌動作後，注視遠方（圖3-178、圖3-179）。

　　**動作三**：右腿穩定重心，同時，身體微左旋；左足足面繃平向東北方緩緩踢出，高與腰平，勁點在小趾側；兩臂內旋向左右分開，弧形落下，雙臂要鬆肩沉肘，不可過直，腕與肩平，面向東北，目光觀顧左足前踢後，向前注視（圖3-180）。

　　**要點** 參閱右起腳說明。

## 第四十三式・轉身蹬腳

**動作一**：左足踵貫勁弧形鈎回，提膝，足懸空，以右足踵為軸帶動胯、腰、身向左後旋轉，胸腹中線對向北方，右胯鬆沉膝微屈，重心略下降；

同時，兩臂自下往裏劃弧相交於胸前，右掌在外，兩掌心向內，有外掤之勢；眼神隨身體左轉平視，定勢向遠處注視（圖3-181、圖3-182）。

· 圖3-181　　　· 圖3-182　　　· 圖3-183

**動作二**：左膝上提，胯根內收，足跟貼向臀部，接著兩掌向前伸展，鬆肩沉肘，腕與肩平，掌緣向外，指尖上揚；同時，左腿漸起，左足掌上屈貫勁向正西方蹬出；目視前方，觀顧左掌、左足（圖3-183）。

要點 本式左轉是鈎腿垂旋，要求旋轉自然，穩如泰山，蹬腳與兩掌分展同時運作，緩緩蹬出要有貫勁之勢，身體要有「中正安舒，支撐八面」之勢。

## 第四十四式·踐步打捶

**動作一**：右足踏穩，左腿屈膝收回，同時，兩掌回收置於右耳際處。

隨即左腿落地前弓踏穩，右足蹬伸，成左弓步；左掌劃弧向左膝前摟下，掌心向下；右掌自後向前劃弧劈下，置於胸前中線；面向正西，目視遠方（圖3-184—圖3-186）。

· 圖3-184　　　· 圖3-185　　　· 圖3-186

**動作二**：上動不停，左足蹬地，右足向前悠起蹬踢，落地後踏實，穩定重心，左膝輕輕提起；

同時，左掌自左膝側向後劃弧掄臂至頭左上方，再下摟至左膝旁；右掌自右膝側向後、向上劃弧於右耳旁；目向前視（圖3-187—圖3-190）。

**動作三**：右腿穩定重心，身體直立，左膝上提；左掌向左上方劃弧劈向胸前中線；同時，右掌握拳自右耳側向前砸於胸前，小指側向下，左掌托住右腕；目光觀注右拳（圖3-191）。

- 圖3-187
- 圖3-188
- 圖3-189

- 圖3-190
- 圖3-191
- 圖3-192

**動作四**：左足落地屈膝踏實，右膝下屈，足踵離地，足尖點地，身體下蹲；

同時，右拳劃一小弧向前下打出，拳背向前上，左掌附於右肘彎內，護住中線；目光視落擊處（圖3-192）

要點 該式動作一波三折，虛實變化靈活，宛如波浪起伏，連而不斷，「靜如山岳，動若江河」，定勢要穩定沉重，嚴整有力，立身中正，八面支撐。

## ▌第四十五式・翻身二起腳

**動作一：**右足稍後移，左足裏扣，身體上起向右後翻轉約135°，兩足成不丁不八步，面向東方，同時，肘有後擊之意，接右拳上提拳心向內，左掌掌心輕推右拳以助肘力；眼神隨身體右轉向前注視（圖3-193）。

**動作二：**左足鬆沉踏穩，右足提起向前方踏出，成左後坐步，左掌下按掩護於右肘旁；右拳以肘為軸自胸前中線劈出，拳心向裏（圖3-194）。

隨即左腿蹬，右腿弓，身體右旋成右弓步；右拳前劈後右肘後移於腰部右側，拳心向上；左掌向前徐徐推出，掌心側向前，指尖向上，高與肩平；身體偏向東南，雙目前視（圖3-195）。

**動作三：**右腿鬆沉穩定重心，右胯微抽；右拳收回於右胯前側，拳心向上，左掌收回按於右腕之上；同時，體微左旋，左足提起向左前方蹬出（圖3-196）。左足落地後，左膝弓，右足蹬，成左弓步；同時，右拳內旋向前擊出，高與肩

・圖3-193　　　　・圖3-194　　　　・圖3-195

・圖3-196

・圖3-197

平，拳心向左下，下與左足尖對正；左掌掌心護住右拳；身
向東北，目向前視（圖3-197）。

　　動作四：左足踏穩，體微右旋，右臂鬆肩沉肘，右拳外
旋，劃一小圓，右足提起腳面繃平向東方踢出，高與腰平，
同時，兩掌先上起，向下落，前後分開，高與肩平，右掌擊
拍腳面（年輕習者可騰空二起拍腳），右足落下屈膝懸空收
於左腿前；面對東方，雙目前視（圖3-198一圖3-200）。

・圖3-198

・圖3-199

・圖3-200

**要點** 該式翻身二起，連環踢打，上下協調一致，同時運作，意到、眼到、足到、身到、手到，以附合本式即化即打之技擊作用。

## ▋第四十六式・左伏虎勢

**動作一：**接上式，右腿後落屈膝下蹲，左腿自然舒伸；右掌下沉落於胸前中線，掌心側向上，左掌自左後向前劃弧再向下，掌心側向下，兩掌下捋於腹前，左掌在前，右掌在後；目光觀顧雙掌（圖3-201）。

**動作二：**左腿弓，右腿蹬，成左弓步；同時，胯、腰、身左旋，雙掌左上右下向前擠出，掌心側向朝前，指尖向上（圖3-202）。

隨即右足前跟半步至左足後落地踏穩，左足虛點於右足前；兩掌不動（圖3-203）。

緊接著左膝上提，體微左旋，同時，左掌外旋有擰扣之意，置於左膝外側方，右掌向身後揚起置於頭後上方；面向東北方，目視左掌（圖3-204）。

・圖3-201

・圖3-202

・圖3-203

・圖3-204

要點 左右伏虎是象形會意的拳勢，以虎喻敵，顯示伏虎之威，閃身退步，雙掌下採，一氣呵成，協調自然，移步移行要圓轉活潑。

## ▌第四十七式・右伏虎勢

動作一：右腿鬆沉，身體微右旋朝向東南方，雙掌向右上蕩起，右手高於頭上，左手護於胸前，右手掌心側向前，指尖向上，左手掌心向左，指尖向上；目光視右掌（圖3-205）。

動作二：左腿後撤下蹲，右腿自然舒伸，成右仆步；雙掌自右上方下採，右掌掩於胸前中線，掌心側向左，左掌下採於腹前中線，掌心向下；目光注視右掌（圖3-206）。

・圖3-205

動作三：右膝前弓，左腿蹬伸，身體右轉，成右弓步；

・圖3-206　　　　　・圖3-207　　　　　・圖3-208

雙掌右上左下向前徐徐擠去，有意遠勁發之勢；目光注視遠處落放點，面向東南方（圖3-207）。

要點 同左伏虎勢說明。

## ▌第四十八式・巧捉龍

**動作一：**右腿鬆胯落穩，左腿向左前方上步，足尖點地；同時，身體微右旋，右掌下按於胸前中線，掌心側向下；左掌自下劃弧向胸前中線推出，高與臉平；面向正東，眼神觀顧兩掌動作（圖3-208、圖3-209）。

**動作二：**上動不停，右足湧泉左碾，身體左旋；同時，左掌下按於腹前中線，掌心側向前；右掌向下、向內、再向上劃一立圓向中線前推上挫，掌心側向前，指尖向上，高不過口；面向東方，目視前方（圖3-210）。

要點 巧捉龍又名「死雞撐頭」，是擒拿對方頭部和前臂的手法，雙掌迴環，要上下協調，運作圓活，明快有力，體現出「立如平準，活似車輪」的神韻。

・圖3-209　　　　・圖3-210　　　　・圖3-211

## ▋第四十九式・披身踢腳

**動作一**：接上式，右腿鬆沉，身體微右旋，重心移至右腿，左胯根內收，膝微內扣；同時，兩掌變拳，右拳內旋虎口斜向下，左拳虎口向上，護於胸前中線，有上提之意；目視前方（圖3-211）。

**動作二**：右腿蹬地，身體立起（不可過直），左足上提，足尖自然下垂後收；兩拳隨身體向右上方提起，右拳位於頭部右側，左拳位於胸前中線，兩拳虎口上下斜對；目視左膝前方（圖3-212）。

**動作三**：左足向左前方踢出，足面繃平，高與腰平，足尖有發勁之意，同時，兩拳變掌左右分開，左掌前劈，腕與肩平，下與左足相應，右掌向右肩方向劈出，腕與肩平，俱沉肘坐腕，指尖斜向上；目光前視（圖3-213）。

**要點** 側身坐勢稱「披身」，側身避其鋒，分其勢，起腳踢，以腰胯為樞紐，含進退咸宜之機。

・圖3-212

・圖3-213

## ▌第五十勢・轉身蹬腳

　　動作一：接上式，以右腳掌為軸向後擰旋，同時，身體右旋，左腿向右後擺動，兩臂外旋向胸前含抱，兩掌成抱拳狀，身體擰旋一周，隨即，左腳落下鬆胯踏穩，右腿提膝，右足收緊有貫勁之意，向前蹬出；同時雙臂前後分開，雙拳下劈，鬆肩沉肘，左拳拳心向上，高與肩平，下與右拳相應，手領眼隨，眼神觀顧雙拳下劈；定勢目向前視（圖3-214、圖3-215）。

・圖3-214

・圖3-215

轉身要保持提頂吊襠，立身中正之勢，要動中寓靜，旋轉銜接自然，瀟灑自如。

## ▌第五十一式‧喜鵲登枝

**動作一**：左足湧泉右碾，上體微右旋，右足貫勁收回，膝部上提有上頂之意；

同時，左拳自後外旋劃弧，下移掩裹於胸前；右拳自左前臂裏側向前擊出，高不過口，拳心斜向上；定勢目向前視（圖3-216）。

**動作二**：上體微右旋，以意貫勁於右足，向右前方踩落，重心仍在左腿；

同時，右拳變掌內旋屈肘下採收至腰部右側；左掌自後向前劃弧自胸前向前挫按，掌心斜向下，身向東方偏南；目光注視左掌撲按前方（圖3-217、圖3-218）。

**要點** 本式是一拳擊、掌捌、膝頂、足踩綜合運用拳勢，乃跌打之法，撲提之長，輕捷靈動，審勢待機，蓄而後發。

・圖3-216    ・圖3-217    ・圖3-218

## ▋第五十二式・上步搬攬捶

**動作一：**身體先左旋，再右旋，身體重心移於右腿，左足前上移至右足前方虛點；同時，左掌隨身動先向左攔截，隨即向右攬於胸前；右掌握拳劃一小圓弧置於右肋間；目光隨左掌前視（圖3-219）。

**動作二：**左膝前弓，尾閭前送，重心移於左腿，右足提步至左足右側後方；

同時，左掌內旋下攬，掌心向下，右拳上提沿胸前中線內旋向前衝擊，右拳握緊，高與口平，拳心側向外，左掌護於右前臂外側，鼻尖、右拳、左足「三尖相照」，身向東方；目視前方（圖3-220）。

> 要點 參閱前搬攬捶勢說明。

・圖3-219

・圖3-220

## ▋第五十三勢・如封似閉

**動作一：**右足後移半步，落胯坐穩，重心後移於右腿，左腿自然舒展，成後坐步；同時，左掌外旋自右臂下向前上

掤出，掌心向內，下與左足相應；右拳微向左移，鬆開變
掌，邊外旋邊抽回於左腕尺骨側，掌心向裏；面向東方，目
向前視，意在左腕（圖3-221）。

　　動作二、三同第十五式「如封似閉」的動作二、三（圖
3-222、圖3-223）。

　　要點 參閱第十五式「如封似閉」說明。

・圖3-221　　　　　・圖3-222　　　　　・圖3-223

## ■第五十四式・拗步飛仙掌

　　**動作一**：右足移至左足左後側，足尖點地，以右足尖、
左足踵為軸，帶動身體旋轉約180°，兩足成右虛步；同
時，右掌疊肘外旋隨體轉移於胸前中線，掌心向裏，指尖向
上，高不過口，肘尖向內裏勁；左掌自左耳側前移於右臂裏
側，有上挫之意；雙目前視（圖3-224）。

　　**動作二**：左腿鬆沉坐穩，身體微右旋，右胯根微收；右
掌屈肘下沉，左掌自右臂側上挫，與鼻同高，掌心向外，指
尖向上，右掌護於左肘之下；

　　目光引左掌上挫（圖3-225）。

・圖3-224

・圖3-225

動作三：身體微下沉，右掌上抄，掌心向裏，指尖向上，左掌護於右肘裏側（圖3-226）。

右腿前弓，左足蹬地，左腿舒展，兩股裏襠，成右弓步；同時，身體右旋，兩掌右上左下，虎口相對，均在胸前

・圖3-226

・圖3-227

・圖3-228

中線，右掌高與肩平，兩掌心均向外；面向西北，目視掌按前方（圖3-227、圖3-228）。

要點 本式在往復摺疊中，須注意涵胸拔背和抽掣腰胯，身形迴環轉動中，要有圓活之趣，重點是疊肘，疊法繼掤、捋、擠、按四法之後，寓於四法之中。

### ■ 第五十五式·右懶紮衣

動作一：左膝向左略移，膝頭對準足尖，屈膝落胯坐穩，右足收回虛點於左足前，身體向左轉，接右胯內抽；右掌外旋回收於胸前，掌心向裏，指尖向上，高與肩平，肘尖向裏撐裏；左掌向右肘彎微按；面向西北，目光引右掌外旋裏裹（圖3-229）。

動作二：左腿鬆沉踏實，右足向前輕鑱落平，右膝前弓，左足蹬地，尾閭前送，左腿自然舒展，兩股裏褶，身體右旋，成右弓步；同時，雙掌內旋，右上左下，向前徐徐擠出，有推山撼岳之意，右掌高不過鼻，左掌高同右肘；雙目前視（圖3-230）。

· 圖3-229

· 圖3-230

・圖3-231

・圖3-232

動作三：同第三式「右懶紮衣」的動作（圖3-231、圖3-232）。文字不再說明。

 武派太極拳的懶紮衣有許多用法。該式懶紮衣以裹肘鎖劈為主，其餘可參閱前式懶紮衣說明。

## ▊第五十六式・斜單鞭

動作一：左足向後微移，足尖點地，以左足尖、右足踵為軸，身體向左旋轉約90°，胸部中線轉向西南，左足尖向南，右足尖向西南，成左虛步；雙掌隨身左旋，護於胸前中線；目光平視（圖3-233）。

動作二：右腿鬆沉穩定重心，下肢不動，上體微向右旋；同時，雙掌逆時針方向劃一圓弧向右回轉，右掌略高，左掌略低，護於胸前中線，掌心向外；目光引雙掌右旋（圖3-234）。

動作三：左胯微收，身體微左旋，左足鏟出，落地踏穩；目隨雙掌（圖3-235）。

· 圖3-233

· 圖3-234

· 圖3-235

· 圖3-236

　　動作四：左腿前弓，右足蹬地，右腿自然伸展，上體左旋，尾閭前送，兩股裏襠，成左弓步；同時，左臂內旋坐腕前按，掌心側向前，高不過口，左肩與左膝、左掌與左足上下相合，上與鼻尖「三尖相照」；右掌向右掤出，沉肘坐腕與肩同高，左掌右腿有貫穿一氣之勢，意貫左掌勞宮，勁達指尖；面向南方，目視遠方落放點（圖3-236）。

**要點** 該式所打角度不同於其他單鞭，還有一向回斜掛的細小區別。其餘參閱前式單鞭。

## ▌第五十七勢・左野馬分鬃

**動作一：**身體微向左旋再右轉，左足微內扣，左腿鬆沉坐穩，右足經左踝裏側虛點於左腳前，成右虛步；同時，左掌向上微揚，掌心向前，指尖向上；右掌自右向下、向左弧形抄起於腹前，掌心向前，指尖向上，下與右腿相應，右手、右足與鼻尖「三尖相照」；身向西南，雙目視前方（圖3-237）。

**動作二：**接上勢，右腿提起向右後撤回，落胯屈膝，重心移於右腿，左足收於右足左前方，成左虛步；同時，身體微右旋，右掌先外旋後內旋，向右上劃弧，斜挪於頭部右上方，掌心向前，指尖向左方；左掌下按於左膝前，掌心向下，指尖向上，面對西南，目向前視（圖3-238、圖3-239）。

• 圖3-237　　　　• 圖3-238　　　　• 圖3-239

動作三：接上勢，以腰胯為軸，身體繼續右旋（下肢不動），同時，弧形下採於腰部，左掌外旋，自胸腰中線向上抄起（圖3-240）。

隨即左足提起向左前方鑱出，身體左旋，左掌內旋向左前方掤出，掌心向外；目光先顧右掌下來，再出左掌前掤（圖3-241）。

・圖3-240　　　　　・圖3-241　　　　　・圖3-242

動作四：上動不停，左腿前弓，右足蹬地，尾閭前送，胯根前掩裹襠，身體左旋，成左弓步；

同時，左掌內旋向左前方捌出，位於頭部左前側，掌心向前，虎口斜向下；右掌按於腹前中線，掌心向前，虎口向上，兩掌虎口遙遙相對，合於左膝之上；面向西南，雙目注視遠方（圖3-242）。

要點　本式是禦眾的拳勢，雙掌迴環，似野馬分鬃，爆發力強，喻迅雷烈風，所向披靡，遠勢步隨身換，身帶臂轉，步到、身到、手到，連綿不斷，上下相隨，渾然一氣。

## █第五十八式・右野馬分鬃

**動作一**：身體微左旋，右足經左踝內側向右前方踏出，足尖點地；左掌順勢向左肩側下採，與肩同高；右掌外旋向上抄於胸前中線；目光觀顧左掌（圖3-243）。

**動作二**：左腿鬆沉踏穩，右足輕輕鏟出，腳跟落地；同時，左掌下採於左胯側，右掌上掤於臉前中線，高不過頭；目光注視前方（圖3-244）。

・圖3-243　　　　　・圖3-244

**動作三**：身體繼續右轉，右腿前弓，左足蹬地，胯根前掩裹襠，成右弓步；同時，右掌內旋向右上掤於右額前上方，掌心向前，虎口向下；

左掌自腰部左側前按於腹前中線，掌心向前，虎口向上，兩掌虎口上下遙遙相對，合於右膝之上；面向西北，雙目注視遠方落放點（圖3-245）。

要點 左野馬分鬃向右野馬分鬃過渡要欲右先左，不可忽略，旋轉中穩如泰山。其餘參閱左野馬分鬃說明。

# 第五十九式・左野馬分鬃

動作一：右腿鬆沉踏穩，身體微右旋，左足向前虛點於右腳前；同時右掌向右肩側下採，左掌外旋向上抄起於胸前中線；目光觀顧右掌（圖3-246）。

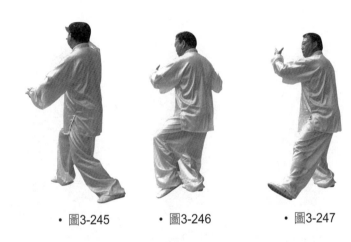

・圖3-245　　・圖3-246　　・圖3-247

動作二：右腿鬆沉踏穩，右胯根微內收，身體左旋，左足尖輕輕向前鏟出，足踵著地；

同時，右掌下採於右胯側，左掌上掤於胸前中線，高同口齊；目視前方（圖3-247）。

動作三：身體繼續左旋，左膝前弓，右足蹬地，胯根前掩裹襠，成左弓步；同時，左掌內旋向左上挒出於左額前上方，掌心向前上，虎口向下；右掌自腰部右前按於腹前中線，掌心向前，虎口向上，兩掌虎口遙遙相對；面向西南，目光視遠方落放點（圖3-248）。

要點　同前左野馬分鬃說明。

## ▌第六十式・迎門靠

**動作一：**左腿胯根鬆沉內收，身體左旋，右足向前虛點於左腳前，成右虛步；左掌自上落下合於胸前，掌心向外，指尖向上；右掌外旋，掌心向上，指尖向左抄於腹前中線；面向西方，目光觀顧右掌（圖3-249）。

· 圖3-248　　　· 圖3-249　　　· 圖3-250

**動作二：**身體右轉，右腿向右前方（西北）跨一大步踏實，左腿跟步滑行半步，落地踏穩，重心在右腿；同時，右掌臂向右前方靠打，掌心向右側，指尖向上，肘尖與胸口相照；左掌貼於右肘內側助力；面向西北，目視右掌（圖3-250）。

**動作三：**左腿落胯屈膝踏穩，左胯微內收，右腿收回，足尖點地，成右虛步；身體微左旋，右臂鬆沉屈肘，右掌向額下翻回；左掌隨右肘旋轉移於右臂外側；目光觀顧右掌迴旋（圖3-251）。

動作四：右足向前上步踏穩，左足踏地，成右弓步；同時，右掌外旋自胸口翻下，再內旋向膝前按出，掌心向下，指尖向左，下與右膝相照；左掌按右掌掌背之上助力下塌；面向西北，目光觀顧右掌下按（圖3-252）。

· 圖3-251

· 圖3-252

要點 本式為推手中習用技法，上靠下按，都是踏對方中門而進，靠打勁點在右臂，右掌自胸口下翻要略微含胸蓄勁，臂似靈蛇迴旋而出，靠擊出虛發，身靈步活，勁力撼山。

## ▌第六十一式 · 右懶紮衣

動作一：左足尖微外移，左腿踏穩，上體微向左旋，右足收回，足尖點地，成右虛步；同時，右臂屈肘裏裏護於胸前中線，左掌向右肘裏側微合，兩掌側立掌心相向，右掌高不過肩，左掌高同右肘，右掌與鼻尖、右足「三尖相照」；面向正西，目向前視（圖3-253）。

· 圖3-253

動作二（圖3-254）、動作三（圖3-255）、動作四（圖3-256）與第三式右懶紮衣動作相同，不再說明。

· 圖3-254　　　· 圖3-255　　　· 圖3-256

## ▌第六十二式 · 單鞭

動作要求與第四式單鞭相同，參閱圖3-257—圖3-259。

· 圖3-257　　　· 圖3-258　　　· 圖3-259

## 第六十三式·上步飛仙掌

**動作一**：接上式，以左足踵為軸向右後擰轉135°，至左腳尖向西南踏實，右足提起移至左腳前，成右虛步；同時身體右旋約180°，面向西方；右臂外旋收回於胸前，掌心向上，有下蓋之意；左臂屈肘上提於左耳側，鬆肩沉肘，掌心向裏，指尖向前；目向前視（圖3-260）。

**動作二**：右足踏穩，左足經右足裏側向前虛點於左足前，成左虛步；

同時，左掌自右掌心向前挫出，勁點在掌根；右掌托於左肘之下；目隨左掌前視（圖3-261）。

**動作三**：左足向前落下踏穩，身體下降前移，右足提起前蹚；同時，右掌內旋屈肘上提，掌心向左；左掌向下經腹部上撩，掌心向右，下與右足相合；目視左掌（圖3-262—圖3-264）。

・圖3-260　　　　　・圖3-261　　　　　・圖3-262

· 圖3-263　　　　· 圖3-264　　　　· 圖3-265

動作四：右足落地屈膝踏穩，左足向前虛點於右腳前；同時，身體微左旋，左掌外旋左掤，掌心向上，高與口平；右掌合於左肘裏側；目光觀顧左掌前掤（圖3-265）。

要點 本式上步挫掌，提肘撩陰，連續上步完成動作，要做到身靈步活，跌宕有致，上下相隨，連綿不絕。

## ▌第六十四式 · 左玉女穿梭

動作：坐穩右腿，左足輕輕鏟出，落地踏實，屈膝前弓，右足蹬地，鬆落左胯，送右胯，兩股裏靠合襠，右腿自然舒展，成左弓步；同時，左臂邊內旋邊向上滾翻，左掤，左掌護於左額角前上方，掌心向外，指尖斜向上；右掌自左肘下，沉肘腕立掌前按，高與肩平，掌心側向前，指尖向上，掌根對準胸前中線，兩掌

· 圖3-266

虎口遙相呼應，右掌、左足與鼻尖「三尖相照」；面向西南，目視遠方落放點（圖3-266）。

[要點] 本式旋腰移步，回行四隅，俗稱「打八門」。八法五技，相機運用，雙掌互穿，連綿不斷，形靈意合，力沉勁整。

## ■ 第六十五式‧轉身玉女穿梭

**動作一：**左足踏穩，右足移至左足踵後側，以左足踵、右足尖為軸，身體向右後旋轉約235°；同時，右掌外旋掌心向上，屈肘落於胸前，肘有回擊之意；左掌外旋微向下移；目光觀顧右掌迴旋（圖3-267、圖3-268）。

**動作二：**右足提起鏟出，著地後右膝前弓，身體右旋，左足蹬地，落右胯送左胯，成右弓步；同時，右臂內旋向上滾翻右捌，右掌護於右額角前上方，掌心向外，指尖斜向上；左掌沉肘坐腕立掌前按，高與肩平，掌心側向前，指尖向上，兩掌虎口遙相呼應，左掌、右足與鼻尖「三尖相照」；身體中線對向東南，目光前視（圖3-269）。

・圖3-267　　　・圖3-268　　　・圖3-269

## ▌第六十六式・上步玉女穿梭

**動作一**：左腿鬆沉坐穩，身體左旋，右腿提起移至左足前虛點，成右虛步；

同時，右掌外旋屈肘掩於胸前，掌心向左，指尖向前上，高不過口；左掌外旋合於右肘裏側，掌心向右，指尖向上；目光觀顧右掌裏裏（圖3-270）。

**動作二**：右腿鬆沉坐穩，身體左轉，胸腹中線朝向東方，左足提起向左前方虛點，成左虛步；

隨身體左轉，左掌沿前臂向前穿出，掌心向裏，指尖向上；右肘微向下沉，右掌於左肘裏側，掌心向內；目光隨左掌前穿（圖3-271）。

**動作三**：左膝前弓，重心前移，右足蹬地，右腿裏掩裏裙，自然舒展，成左弓步；同時，左掌向左額前上捌出，掌心向外，指尖斜向下；右掌自左肘下沉時坐腕立掌前按，高與肩平，掌根對準胸前中線，掌心側向前，指尖向上，兩掌虎口呼應，右掌、左足與鼻尖「三尖相照」；面向東北，目視遠方（圖3-272）。

・圖3-270　　・圖3-271　　・圖3-272

# ▌第六十七式・回身玉女穿梭

**動作一**：右腿提起，右足移至左足後側點地，身體以左腳跟、右足尖為軸轉約220°，面向西方；同時，隨轉體，右肘回擊，右掌外旋收於胸前，手心向右；左掌仍護於頭左上方；目光隨右掌迴旋（圖3-273）。

**動作二**：上勢不停，身體繼續右轉，左腿屈膝鬆胯落穩，右足向右前方邁；

同時，右掌繼續外旋掤於胸前，高不過口，掌心向裏，指尖向上，下與右腿相合；左掌護於右肘裏側；目光隨右掌前掤，面向西北（圖3-274）。

**動作三**：右膝前弓，身微右旋，左足蹬地，成右弓步；同時，右臂內旋向上滾翻，向右捌出，右掌護於額前上方，掌心向外，指尖斜向上；

左掌坐腕立掌前按，高與肩平，掌根對準胸前中線，掌心側向前，指尖向上，兩掌虎口遙相呼應，左掌、右足與鼻尖「三尖相照」；面向西北，目視前遠方（圖3-275）。

• 圖3-273　　　　• 圖3-274　　　　• 圖3-275

## ▋第六十八式・退步懶紮衣

**動作一**：左足外撇約45°，朝向西南方，膝頭與足尖虛虛對正，身體左旋，左腿鬆胯落穩，右足收回虛點於左足前，成右虛步；同時雙掌右上左下隨轉體将回於胸前，右掌高與肩平，左掌與右肘同高；面對西方，目光前視（圖3-276）。

・圖3-276　　　・圖3-277　　　・圖3-278

**動作二**：上勢不停，左胯根微向內收，左腿鬆沉踏實，右足尖向前鑴出落下踏穩，右膝前弓，左腿自然舒展，上體右旋重心前移，成右弓步；同時，雙掌內旋，掌心略向前，向前擠出；目光注視遠方落放點（圖3-277）。

**動作三**：同第三式右懶紮衣的動作四（圖3-278、圖3-279）。

要點 該式「懶紮衣」是先将而後

・圖3-279

擠，雙掌前擠是在腰脊帶動下走豎圓。其餘說明同第三式懶
紮衣。

### ▌第六十九式・單鞭

動作要領同第四式單鞭（圖3-280—圖3-282）。

・圖3-280　　　　・圖3-281　　　　・圖3-282

### ▌第七十式・左紜手

動作要領同第三十五式左紜手（圖3-283—圖3-285）。

・圖3-283　　　　・圖3-284　　　　・圖3-285

## ▌第七十一式・右紝手

動作一：左足抬起向右扣擰，左腿鬆沉坐穩，身體右轉約180°，面向西，隨轉體，右腿提起收回於左足前，足尖上屈，足踵著地；

同時，右掌隨轉體自下自腹前、胸前劃弧掤於頭頂上方；左掌自中線上移護於腹前；目隨掌運，定勢時目視前方（圖3-286）。

動作二：右足內扣，身體左轉；同時左掌上掤於頭部上方；右掌自中線上移於腹前，面向正東，目向前視，成後坐步之左紝手（圖3-287、圖3-288）。

・圖3-286　　　　・圖3-287　　　　・圖3-288

說明：

1. 本式與第三十式右紝手不同之處是：①做動作三後，不再前移成弓步。②右手上掤高於頭頂，定勢有下塌之意。③左掌護住中線有前按之意。

2. 平常出手練習多為反覆重複動作，正常練均打四個，

· 圖3-289

· 圖3-290

· 圖3-291

· 圖3-292

此處左、右紜手共打了五個，重複動作不再文字說明，如右紜手（圖3-289）、左紜手（圖3-290—圖3-292）。

## ▌第七十二式·單鞭

**動作一**：接左弓步紜手，右足跟半步上至左足後，重心移於右後腿，左足虛點於右腳前，右腿鬆胯落穩，身微向右旋，鼻尖和右足尖相對；

・圖3-293

・圖3-294

隨身右旋右掌外旋向右上劃弧於胸前，掌心向內，左掌外旋同時自左上劃弧於胸前，掌心向內；目光觀顧雙掌（圖3-293）。

動作二：右腿屈膝踏穩，身體微右旋，左足輕輕鏟出，落地踏穩，左膝前弓，右足後蹬，右腿自然舒展，成左弓步；

同時，上體左旋，左臂內旋坐腕前按，指尖向上，掌心側向前，高不過口，左肩左胯，左肘左膝，左掌左足，要上下相合，左掌、左足與鼻尖「三尖相照」；

右掌同時向右掤出，與肩同高，掌心向前，指尖側向上，下與右足尖相應，左掌右腿貫穿一氣之勢，意在左掌勞宮穴，勁達指尖；面向東，目光前視遠方落放點（圖3-294）。

## ▌第七十三式・下勢

動作一：右足後移，足尖外擺踏實，胯根內收下沉，左

足尖微內扣，重心在右腿，成左仆步；同時，左掌外旋屈肘回掩於胸前，掌心向裏，勁在尺骨處；右掌微上揚；目隨左掌（圖3-295）。

　　**動作二**：左足尖外擺向前（衝正東），右足裏扣，身體左轉，重心前移，左腿屈膝前弓，蹬右腿，成左弓步；

　　同時，左掌向上抄起於腹前，沉肘坐腕立掌，勁點在掌背食指根節處；

　　右掌下沉於右胯後方；面向東方，目光注視前方（圖3-296、圖3-297）。

・圖3-295　　　　・圖3-296　　　　・圖3-297

　　要點　仆步下勢，要保持身法，不可低頭前俯，背脊骨帶動下身催肩，肩催肘，肘催手，節節貫穿，要把拳勢跌宕起伏、靈活多變的神韻表達出來。

## ▌第七十四式・左更難獨立

　　**動作一**：左腿鬆沉，體重逐漸移至左腿，右腿抽胯、右足移於左足裏側；

　　同時，左掌自胸前微向裏掩；右掌向前上穿於右肘之

下；面向東方，目光注視前方（圖3-298）。

動作二：左足蹬地，右腿起立，成左獨立步；同時身體微右旋，右腿提膝上頂，高過於臍，足尖微向裏垂裏合護襠；隨體上升，右掌自左臂下向前上豎臂穿出前劈，護於胸前，拇指對向鼻尖，掌心側向前，指尖向上；右肘與右膝相合，勁點在掌根，意貫指尖，左掌下按護襠，掌根微沉，掌心側向下；面向東微偏南，目隨右掌上穿前劈，注視前方（圖3-299）。

· 圖3-298

· 圖3-299

要點 該式狀如雄雞獨立，志意騰昂，重在腿技，運勢要做提頂吊襠，立身中正，雙肩雙胯要平，兩手要守中、用中，不可須臾乖離。

## ▌第七十五式·右更雞獨立

動作一：左腿屈膝下蹲，上體微向右旋，右足向前踏出，膝部前弓，重心移向右腿；同時，右掌向右膝前按下；左掌自右前臂下上穿；面向東方微偏南，目視前方（圖3-300）。

· 圖3-300

· 圖3-301

動作二：右腿立穩，同時身向左旋，左膝向前上頂起，高過於臍，足尖下垂，微向裏合；左掌自下向前豎臂劈出，護於胸前，拇指對向鼻尖，指尖向上，掌心側向前；右掌下按，掌根微沉，掌心側向下；面向東方偏北，目光隨左掌前劈，注視前方（圖3-301）。

要點 參閱「左更雞獨立」說明。

## ▌第七十六式・左倒攆猴

動作一：右腿緩緩下蹲，左足向左後方落下，足尖點地，接著以右足踵、左足尖為軸，向左擰旋約 90°，胸腹中線衝向北方；

同時左掌隨體左轉，掩於胸前，掌心側向右；右掌屈肘自右後弧形上提於右耳旁，指尖向前，掌心向裏；目光注視前方（圖3-302）。

動作二：上動不停，左足輕輕鏟出落地踏穩，左膝前弓，右腿蹬伸，成前掩裏褶，身向左旋，成左弓步；隨身體

・圖3-302　　　　　・圖3-303　　　　　・圖3-304

左旋，重心前移，左掌下採於左膝前；右掌外旋立掌向胸前按出，高與口平，指尖向上，掌心側向前；面向西北，目視遠方落放點（圖3-303、圖3-304）。

**動作三**：右足跟上半步，落胯屈膝坐穩，身體微右旋，重心移於右腿，左足掌輕著地；

同時，右掌收回俯掌下按於腹前；左掌外旋上托於胸前，左掌、左足與鼻尖「三尖相照」；目隨雙掌注視遠方（圖3-305）。

**動作四**：右腿鬆沉坐穩，左胯根微向後抽；左掌內旋，以肘為軸，掌根下塌收回，掌心向下，兩掌同高（圖3-306）。

隨即兩掌上提於胸前，左足向前邁一小步，右足跟步，兩腿左實右虛，雙足成三角形；兩掌向前按出，合於胸前，兩勞宮有相互吸引之意；目向前視（圖3-307）。

**要點** 該式不完全同前式倒攆猴，前式打的四隅角朝

 ・圖3-305　　　　　　・圖3-306　　　　　　・圖3-307

向，該式打的是西北、西南方，倒攆猴主打旋挒勁，在「斜
撤得横」主旨下，兩臂運作同身體旋轉要協調一致，要有輕
靈圓活之趣。

## ▌第七十七式・右倒攆猴

　　**動作一**：左腿鬆沉坐穩，右足尖移於左足踵後側點地，
隨即以左足踵、右足尖為軸向右後撐旋；同時，身體右後旋
約 225°，胸腹中線衝向南方；右掌鬆肩沉肘掩於胸前，掌
心側向左；左掌上提於左耳旁，指尖向前，掌心向裏；目光
注視前方（圖3-308）。

　　**動作二**：左足踏穩，右足輕輕鏟出落地踏實，右膝前
弓，左足蹬地，左膝根前掩裏褶，成右弓步；隨體右旋重心
前移，右掌下採於右膝前；

　　左掌外旋坐腕，立掌向胸前按出，高與口平，指尖向
上，掌心側向上；面向南偏西，目視遠方落放點（圖
3-309、圖3-310）。

• 圖3-308　　　• 圖3-309　　　• 圖3-310

• 圖3-311　　　　　　　　• 圖3-312

　　**動作三**：左足前上半步，鬆胯踏穩，身體微左旋，重心移於左腿，右足掌輕輕著地；

　　同時，左掌內旋下按於腹前；右掌外旋仰掌上托於胸前，右掌、右足與鼻尖「三尖相照」；目光隨雙掌後前視（圖3-311）。

　　**動作四**：左腿屈膝坐穩，右胯微收下沉，右掌內旋下塌收回，掌心向下，與左掌同高（圖3-312）。

隨即右足前邁一小步，左足跟步，兩腿右實左虛，雙足呈三角形；同時，雙掌上提於胸前，向前按出，合於胸前，兩勞宮有相互吸引之意，目向前視（圖3-313）。

要點 可參閱「左倒攆猴」。

## ▊第七十八式・左倒攆猴

動作要領同第七十六式左倒攆猴（圖3-314—圖3-318）。

・圖3-313　　　・圖3-314　　　・圖3-315

・圖3-316　　　・圖3-317　　　・圖3-318

## 第七十九式・右倒攆猴

動作要領同第七十七式右倒攆猴（圖3-319—圖3-324）。

・圖3-319　　　・圖3-320　　　・圖3-321

・圖3-322　　　・圖3-323　　　・圖3-324

# ▌第八十式・提手上勢

動作要領同第二十六式提手上勢（圖3-325、圖3-326）。

・圖3-325

・圖3-326

# ▌第八十一式・白鶴亮翅

動作要領同第二十七式白鶴亮翅（圖3-327一圖331）

・圖3-327

・圖3-328

· 圖3-329

· 圖3-330

圖3-331

## ▌第八十二式·左摟膝拗步

動作一：以右足踵為軸與左足尖同時向左旋轉，轉體約135°，面對東方，成左虛步；

同時，兩臂放鬆，左掌劃弧至左胯前，掌心斜向下；右掌外旋向上掩至胸前，掌心向裏，意在五指；目光引導身體左旋（圖3-332）。

· 圖3-332

· 圖3-333

· 圖3-334

動作二：右腿屈膝踏穩，身體右轉至鼻尖與右足相照，隨轉體，右掌五指微屈向下「勾摟」，再經胸前向右上揚起，掌心向裏，指尖向左前；

左掌同時上截護於右臂肘處，掌心向內，指尖斜向右上；目視右掌（圖3-333、圖3-334）。

動作三：右腿坐穩，左足輕輕向東北方鏟出，右足蹬地，身體左旋，尾閭前送，落左胯，兩股裏襠，成左弓步；同時，右掌自頭側下沉內旋坐腕立掌向前打出，五指微屈，掌根吐勁上挫，高與口平；

左掌向左膝前摟按，肘微撐，指尖向前；目視前方，意在右掌根，面向東北（圖3-335、圖3-336）

動作四：左腿落穩，右腿前跟半步，落胯屈膝踏穩，重心移向右腿，左足尖虛點於右腳前；同時，右掌邊外旋邊向裏掩回收，掌心向上；左掌外旋自右前臂下向前穿出，五指微併，指尖向前，隨即左腕內旋外挫，掌心向左，右掌護於右前臂裏側；目視前方（圖3-337）。

・圖3-335　　　　・圖3-336　　　　・圖3-337

接著左胯微收，左掌下按，右掌內旋也下按，雙掌同時收於腹前，掌心向下（圖3-338）。

上動不停，左足向前上步，膝前弓，重心前移；右足跟步至左足踵後側，成三角形步；同時，雙掌徐徐向前按出，合於胸前，高與肩平，掌心側向前，兩掌勞宮穴有相互吸引之意；目向前視（圖3-339）。

· 圖3-338

· 圖3-339

要點 該式摟膝前有「白虎洗臉」、穿掌進腿、旋腕外拉等技巧，要細心把握，其餘參閱前左摟膝拗步勢說明。

## ■ 第八十三式 · 手揮琵琶勢

動作要領同二十九式手揮琵琶勢（圖3-340—圖3-342）。

· 圖3-340

・圖3-341

・圖3-342

## ▌第八十四式・俯身按勢

　　動作一：右腿穩好重心，
左足收回虛點，成左虛步；同
時，左掌收回下按，右掌微向
上提，掌心向上，指尖向左；
目光觀顧雙掌迴環（圖3-343）。

　　動作二：右腿鬆沉坐穩，
上體微上拔，右掌隨體上拔先
向右劃一小弧，旋即自胸前中
線下按，掌心向下，指尖向左；
左掌向左微按於左膝外側，肘
部微撐，掌心向下；意貫右掌
勞宮，目隨右掌，定勢前視。
（圖3-344—圖3-346）

・圖3-343

・圖3-344

・圖3-345

・圖3-346

要點 下按要勁起於腳跟，注於腰間，通於脊背，肩催肘，肘催手，節節貫串，形於手指。

## ▌第八十五式・青龍出水

動作一：右腿鬆沉踏穩，上體抬起，左足尖鏟出，足踵落地；右掌內旋上掤於頭右側方，左掌隨之上移於胸前；目光注視前方（圖3-347）

動作二：左膝前弓，右足蹬地，成左弓步；右掌前推置於右額前方，掌心向外，虎口斜向下；左掌外旋向左膝前推

・圖3-347

出，虎口向上，高與肩平，兩掌虎口上下遙相呼應，左掌、左足和鼻尖「三尖相照」；目光注視遠方落放點，有推山填海之勢（圖3-348）。

要點 本式與三十一式青龍出水用法不同，運勢內旋上掤，合力向前擲發，要正身正胯，肩要鬆，肘要沉，雙臂雙腿伸縮自如，上下相隨，連綿不斷，一氣呵成，內含彈抖之勁。

## ▌第八十六式・風擺荷葉

**動作一**：左足掌向右後扣擰，帶動身體右旋約135°，面向西方；右足隨體轉輕提落下，虛點於左足前，成左虛步；同時，右臂屈肘移護於腹前；左掌劃弧向上掤於胸前上方，鬆肩沉肘，勁貫指尖；目光注視前方（圖3-349）。

**動作二**：左腿鬆沉踏穩，右足輕輕向前鏟出落地前弓，左足蹬地，成右弓步；同時，左掌內旋上掤於額頭前上方；右掌內旋舒臂坐腕立掌向前推出，高與口平，右掌、右足與鼻尖，三尖相照；目光前視（圖3-350）。

・圖3-348　　　・圖3-349　　　・圖3-350

要點 該式與第三十二式風擺荷葉不盡相同，含有回身左掌閃擊之勢，見手即打，出手迅捷，連環運用，是短打法中「閉門鐵扇子」之用法。

## 第八十七式・火焰鑽心

**動作一**：左腿坐穩，右腿後撤，左足虛點於右腳前，成左虛步；同時，雙掌外旋向胸前捋回，左掌高與肩平，右掌與左肘同高；面向西方，目光隨左掌回捋（圖3-351）。

**動作二**：接上勢，左胯根微收鬆沉，右足蹬地，成左弓步；同時，兩掌在腰脊劃一豎圓帶動下向前推出，左掌指尖齊鼻，右掌與右肘同高；面向西南方，目視前方遠處（圖3-352）。

**動作三**：左足尖裏扣，身體微右旋，右足前邁虛點於左腳前，成右虛步；同時，左臂前掩護於胸前，右掌自左前臂外側向前穿出上掤，高與口平，掌心向裏；左掌附於右前臂裏側；面向西方，目光注視前方（圖3-353）。

・圖3-351

・圖3-352

左腿鬆沉踏穩，右足向前上步前弓，左足蹬伸，成右弓步；同時，右肘回屈，右掌內旋經胸前向下、向前劃一圓弧穿出，手與胸口平，五指併攏，掌心側向右；左掌護於右腕旁；目視前方（圖3-354—圖3-356）

・圖353

・圖3-354

・圖3-355

・圖3-356

　　**動作四**：左腿鬆沉坐穩，右足收回虛點於左腳前，成右虛步；同時，右掌外旋掌根下切，雙手同時收回於腹前（圖3-357、圖3-358）。

· 圖3-357

· 圖3-358

上勢不停，右足向前上步，左足跟步於右足踵左後側，成三角步；隨重心前移之勢，雙掌提起向前徐徐按出，兩掌勞宮有相互吸引之意；目向前視（圖3-359、圖3-360）。

· 圖3-359

· 圖3-360

要點 該式是武派太極「一時短打」的招法，運作時左右臂連環前穿，雙臂纏繞如蛇，是武派太極以輕別重的手法。

## 第八十八式 · 單鞭

動作要領同第四式單鞭（圖3-361一圖3-363）。

· 圖3-361　　　· 圖3-362　　　· 圖3-363

## 第八十九式 · 左紜手

動作要領同三十五式左紜手（圖3-364一圖3-366）。

· 圖3-364　　　· 圖3-365　　　· 圖3-366

## ▌第九十式・右紜手

動作要領同第七十一式右紜手（圖3-367、圖3-368）。

· 圖3-367

· 圖3-368

## ▌第九十一式・單鞭

動作要領同第四式單鞭（圖3-369─圖3-371）。

· 圖3-369

· 圖3-370

· 圖3-371

## 第九十二式・撲面掌

**動作一**：左腿鬆沉，上體微向左旋，重心移於左腿，右足上前虛點於左足前，成右虛步；身體轉向東南方；同時，左掌外旋落下劃弧向腹前抄起，掌心向裏；右掌外旋向胸前掩裏，勁點在掌根尺骨側，掌心向裏；目光觀顧雙掌（圖3-372）

・圖3-372                    ・圖3-373

**動作二**：上動不停，右足向前鑵出落地，右膝前弓，左足蹬，成右弓步；同時，右掌繼續下攬於腹前中線，掌心向上；左掌外旋沿胸腹中線上穿，與口平時，向內旋向前按出，勁點在掌根，左掌、右足與鼻尖三尖相照；面向東南，雙目向前注視（圖3-373）。

要點 本式以掌撲面，有居高臨下之勢，運作時左掌與右掌要配合協調，蹬腿湧身，借身形下塌之勢，掌落牆塌之威，故名撲面掌。

## ▌第九十三式・高探馬

**動作一**：右足尖裏扣，右腿落胯屈膝踏穩，上體左旋，面向東方，左足正步虛點於右足前，成左虛步；

同時，左掌外旋鬆肩沉肘下攬於腹前，掌根下塌，掌心向上；右掌內旋由左臂上向前揮出，掌心向下，指尖斜向左前方，勁點在掌外緣，雙臂呈半圓形；目光注視前方（圖3-374）。

・圖3-374

**要點** 運作要中正安舒，有上下對拉、拔長身體之勢，雙掌連環，柔順圓活，護住胸腹中線，該式打中寓拿，拿中寓打，變化巧妙。

## ▌第九十四式・對心掌

**動作一**：右腿落胯屈膝下蹲，上體微右旋，重心置於右腿，左足上提向前鏟出，足踵著地；同時，右臂屈肘攬於胸前，指尖向左，勁點在掌根；左掌自右腕處向前穿出，掌心向上，高與口平；目光隨左掌前穿，面向正東方（圖3-375）。

**動作二**：左足落地踏穩，左膝前弓，重心前移，右腿蹬伸，成左弓步；同時，左掌外旋向上挑起於頭前方，掌心側向左後，指尖向上；右掌內旋坐腕立掌向前徐徐按出，掌心側向前，高與口平；目光注視遠方落放點（圖3-376）。

**要點** 左掌上抄，右掌前按，前弓後蹬，上下一致，動作協調，貫穿一氣。

・圖3-375

・圖3-376

## ▍第九十五式・十字腿

動作一：左足裏扣踏穩，帶動身體向後旋轉約135°，面向西南方，重心移於左腿；

同時，右掌外旋，隨轉身右肘後擊，護於胸前，掌心向上；左掌豎臂向上盪起，掌心向右，指尖向上；雙目視前方（圖3-377）。

動作二：左腿踏實，重心完全在左腿，身體繼續右旋，借身體右旋之勢，右腿抽胯提膝，右足自左向右上方弧形擺起，足面繃平，勁點在腳外側；

・圖3-377

同時，左掌內旋經面前向下往左迎擊右足，右掌掌心向

· 圖3-378

· 圖3-379

上兩掌交叉於胸前（左外右內），形如十字；面向西方，目光隨左掌擊打足面後，目視前方（圖3-378、圖3-379）。

要點 該式老譜名「十字擺蓮」「單擺蓮」等，轉身要保持後擊之勢，勁貫右肘尖、左掌根，擺腿自然，保持抽殺之勢，上踢耳台下踢踝。

## ▌第九十六式·上步指襠捶

動作一：接上式，左足蹬地，身體微微縱起，右足向前落下，膝微屈，重心移於右腿，左膝提起，身體微右轉；左掌外旋自左向上提截，右掌外旋劃弧握拳收於腰胯右側，拳心向上，肘尖後撐，與左掌有前後對拉之勢；面向西方，目光向前注視（圖3-380）。

動作二：左足落地膝前弓，落胯屈膝踏穩，右足蹬地，左胯前送裹襠，身體左旋，成左弓步；同時，左掌摟膝後護於左膝外側，掌心向下，指尖向上，掌根下塌；右拳內旋向

前下方打出，高與襠齊，掌背側向上，身微前俯；目光視前方（圖3-381、圖3-382）。

要點　本式為太極五捶之一，左膝上頂寓前踢之意，手足動作要配合協調，氣勢聯貫，不可顧此失彼，意發擊出，靈動迅猛。

## ■第九十七式‧右懶紮衣

動作一：左腿屈膝鬆胯落穩，身體微右轉，右足上步虛點於左足前，成右虛步；

隨身動右拳外旋自左腕下穿出向前掤起，高與肩平，掌心向右，指尖向上；左掌微向下落，合於右肘裏側，右上左下護住中線；目向前視（圖3-383）。

動作二：左腿鬆沉踏實，右胯微抽膝上提，右足輕輕向前鑱出，著地後踏實前弓，左足蹬地，左胯前送掩襠，重心前移，成右弓步；

同時，雙掌微內旋，右上左下，隨同身體向前擠出，有

推山撼岳之意，右掌高與鼻齊，左掌高同右肘，掌心向前；
目視前方落放點（圖3-384）。

要點 參閱前式懶紮衣說明，細節略有不同，習者注
意。

· 圖3-383

· 圖3-384

## ■第九十八式 · 白蛇吐芯

動作一：右腿鬆沉踏穩，左腿前跟半步；同時，右掌內
旋弧形下按，掌心向外，鬆肩沉肘；意在左掌勞宮，面向西
方，目光隨雙掌環繞（圖3-385）。

動作二：左足踏實，右足前上半步，落胯踏穩屈膝前
弓，左足蹬地，成右弓步；

同時，左掌外旋弧形回攬於腹前中線，掌心向上，指尖
向右，勁點在掌緣尺骨處；右掌外旋自左臂上向前刺出，掌
心向上，指尖向右，勁點在掌緣尺骨處，高在眼鼻之間；目
光注視右掌前方（圖3-386）。

要點 老譜原無此式，是我師吳文翰著書加入。運作要
有後足催前足之勢，步伐聯貫緊湊，輕靈敏捷，推手發放常

・圖3-385

・圖3-386

用此步法；雙掌配合綿密緊湊，自下而上，九節勁節節貫串，完整一氣。

## 第九十九式・回身下勢

動作一：右足向左扣擰，帶動身動旋轉約135°，右足尖向東南，落胯踏實，左足東移足尖點地，兩足成不丁不八左虛步；同時，右臂隨身動掩護於胸前，掌心向裏；左掌內旋下落於腰部右側，有蓄而待發之勢；面向東方，目視前方（圖3-387）。

・圖3-387

動作二：右腿鬆沉坐穩，左足尖向前鑽出落地，屈膝前弓，右足蹬地，兩股裏裹，上體左轉，成左弓步；

同時，右掌內旋下採於右胯之後，掌心向右；左掌向前掤打於左胯之前，勁點在左掌掌背；目光注視前方（圖

3-388—圖3-390)。

　　**動作三**：左足內扣，右足後撤，足尖外擺踏實，重心移於右腿；

　　同時，右掌向右後揚起，左掌外旋，屈肘裏掩護於胸前，掌心向裏，指尖向上；目光觀顧兩掌動作後向前方注視，有含蓄欲發之勢（圖3-391）。

· 圖3-388

· 圖3-389

· 圖3-390

· 圖3-391

動作四：上勢不停，身體右旋，重心置於右腿，右胯鬆沉內收，右腿屈膝下蹲，左腿鬆沉下撲，成左仆步；同時，左掌內旋下落旋腕順左腿裏側高挑，掌心向裏，指尖向前；右臂鬆肩沉肘隨身自然下移；目光注視前方（圖3-392）。

要點 本式動作，雙臂迴繞，身軀旋轉，重心下降，要氣勢聯貫，圓轉柔順，如環無端，前進後退，靈活多變，宛如長蛇，擊頭尾應，擊尾頭攻，擊身則頭尾攻之。

・圖3-392

・圖3-393

## 第一百式・上步七星

動作一：接上式，左足外擺，右足裏扣，上體抬起左轉，左膝前弓，重心前移至左腿，右足蹬地，成左弓步；同時，左掌向上掤起，屈臂沉肘，掌心向右，指尖向上；右掌握拳移於右胯之側，左掌與右肘有前後對拉之意；面向東方，目向前視（圖3-393）。

動作二：左腿鬆沉踏實，右足提起足尖上勾，向前方蹬出，足踵著地後前弓，左足前蹬，成右弓步；身體右旋，同時，左掌外旋掩護於胸前中線；右拳向前上挑起於右腕裏

側，隨身動，右拳向外擰旋，與左掌合力向右前方掤出，與肩同高，雙臂各呈弧形，左掌、右足與鼻尖三尖相照，有意遠勁長之勢；面向東方偏南，雙目自掌前視（圖3-394—圖3-396）。

要點 接下式前弓，保持穩定，不可搖擺，右拳上穿，右足前蹬，要動作一致，勁藏於內，前掤要鬆肩沉肘，勁起於足，有一觸即發之勢。

・圖3-394　　　　・圖3-395　　　　・圖3-396

# 第一百零一式・退步跨虎

動作一：左腿鬆沉踏穩，右足自左足裏側撤回落地踏實，上體先微左旋再接右旋，重心後移於右腿，左足移於右足前虛點，隨身旋轉，右拳鬆開變掌，雙掌微分置於腹前，勁點在掌；目光前視（圖3-397—圖3-399）。

動作二：接上勢，右腿繼續鬆沉踏實，湧泉左碾帶動身體左旋，左腿自然舒展；

同時，左掌內旋下按於左胯外側，掌根下塌，掌心向下，指尖向前；右掌弧形上掤於右額前上方，掌心向外，臂

呈弧形，鼻尖、肚臍與右足相照；雙目前視（圖3-400）。

　　**要點** 跨虎式為戚繼光長拳拳勢之一，歌訣云：「跨虎式挪移發腳，要腿去不使他知。」退步旋轉，要立身中正，不可左右歪斜，旋轉圓活中，用意指揮動作，舒展中寓緊湊，開中有合，護住中線。

• 圖3-397

• 圖3-398

• 圖3-399

• 圖3-400

## ▌第一百零二式・轉身擺腿

動作一：接上式，以右腳掌為軸，帶動身體向右後旋轉一週，左足掃蹚一週落地；伴隨身體右旋，左掌自左胯側弧形蕩起向右後閃擊，約與口平，掌心向下；右掌弧形劃圓內旋置於頭右側，掌心向外，指尖斜向左上，兩掌心遙相呼應，意在兩掌；目光平視引導身體右旋，觀顧雙掌迴環（圖3-401—圖3-403）。

・圖3-401

・圖3-402

・圖3-403

動作二：體重完全置於左腿，左腿鬆胯屈膝踏穩，右腿提膝足尖下垂，隨即身體微左旋再向右旋，右胯根外旋，帶動右腿自左向右弧形外擺；

同時，雙掌右上左下在胸前迎擊右足，左掌先右掌後拍擊腳面右側，清脆有聲；目光觀顧雙掌迎擊右足（圖3-404、圖3-405）。

· 圖3-404

· 圖3-405

　　**動作三**：身體微向左旋，左腿穩定重心，右腿屈膝收回；兩掌隨身體移於左後方約45° 斜角處，左掌高與頭平，右掌高與肩平，掌心均向外。隨即左腿屈膝下蹲，右腿順勢前僕，成右仆步；同時，右掌自胸向前抄穿；身體對西南方，目視右掌前穿（圖3-406、圖3-407）。

· 圖3-406

· 圖3-407

該式老譜舊名「轉腳擺蓮」，為更符合拳勢運作的特點，易名為「轉身擺腿」，運作中旋轉若旋風，敏捷中求穩定，保持身法正確，提頂吊襠，鬆肩沉肘，含胸拔背，氣沉丹田，伏身下勢，左掌抹眉，右掌抄腿，「海底撈月」之動作。

## ▌第一百零三式‧彎弓射虎

**動作一**：右腿前弓，身體漸起右旋，同時左腿跟前半步，左足虛點於右腳左側後方；雙臂鬆肩沉肘，隨同重心移於腹前，雙掌變握拳護於腹前；面向西南方，目視雙拳（圖3-408）。

**動作二**：左足尖移於右足踵後，以右足踵、左足尖為軸身體後轉約135°，隨即右腿鬆沉踏穩，左足輕輕鏟出著地後前弓，後足蹬地，後腿伸展，右胯前掩裹襠，成左弓步；同時，雙拳內旋上提隨轉體向前打出，左拳虎口斜向內上，與胸同高，右拳虎口向前下，護於右額上方，鬆肩沉肘，雙臂呈弧形，形似彎弓持箭，兩拳虎口遙遙相向，鼻尖與左拳、左足「三尖相照」；目光向前注視（圖3-409、圖3-410）。

· 圖3-408　　· 圖3-409　　· 圖3-410

**要點** 本式狀如人在馬上，彎弓凝神下射，故此得名。運作雙腿的虛實變化，兩臂之纏繞運轉協調一致，雙拳揮出，隱含螺旋之勁，定勢時氣向下沉，勁往前發。

## ▌第一百零四式・雙抱捶

**動作一**：左足尖內扣，身體右旋轉動約 90°，胸腹中線向東南，左腿鬆沉踏實，右腿抽胯提膝足尖下垂，點於右足前，成右虛步；同時，雙臂鬆肩沉肘，雙拳內旋隨轉體下捋含採，弧形下落於腰胯前，拳心向內，意在拳背，雙肘微外撐；目光注視前方，有蓄勁前發之勢（圖3-411、圖3-412）。

**動作二**：右足向前鑣出落地後膝前弓，重心前移，落胯屈膝踏穩，左足向前虛點於右足前，成左虛步；同時，鬆肩沉肘，雙拳邊內旋邊向前上打出，拳心側向下，虎口側向上，高與肩平，雙臂呈弧形；雙目前視（圖3-413）。

**要點** 雙抱捶亦名「雙撞捶」，為太極五捶之一。雙拳前撞，要湧身步進，身如潮湧，勁貫雙拳，脫扣而出，兩拳相對，動中寓靜，不失中正。

・圖3-411　　　　　・圖3-412　　　　　・圖3-413

## ▌第一百零五式‧拴馬式

**動作一：**右腿踏穩，左足後撤一步，落胯屈膝踏實，同時，身體微向左旋，重心移於左腿；右臂屈肘，右拳外旋護於胸前，高與肩平，拳心向內；左拳外旋合於右肘裏側，雙拳有向內擰裏之勢；目光觀顧雙拳（圖3-414）。

**動作二：**左腿鬆沉踏穩，右腿向右後方退一步，落胯屈膝坐穩，身體微右旋，重心後移；右拳內旋下移護胸，拳心向下；左拳自右肘下打出，拳心側向內；目光隨雙拳環繞後前視（圖3-415）。

　　•圖3-414

　　•圖3-415

## ▌第一百零六式‧退步懶紮衣

**動作一：**右腿鬆沉踏實，左足收回虛點於左前方，成左虛步；左胯內收，鬆肩沉肘，雙拳變掌，內旋收於胸前，左掌在上，高與肩平，右掌在下，高同左肘，兩掌側立，掌心相向，胸腹微含，有吸引之意；面向東南方，目光注視前方（圖3-416）。

・圖3-416

・圖3-417

動作二：右腿鬆沉踏穩，左足提起向前鑽出，落地後踏實，屈膝前弓，右腿蹬地，尾閭前送，兩股裹襠，身體微左旋，成左弓步；同時，雙掌內旋，掌心側向朝前，左上右下，隨身前移徐徐擠出，有推山撼岳之意，左掌高與鼻齊，右掌高與胸齊；面向東南，雙目視遠方落放點（圖3-417）。

要點 本式已近拳架尾聲，按傳統習慣，拳勢何處起就在何處落，所以注意與第二式懶紮衣位置相同，其他同第二式懶紮衣說明。

## ▌第一百零七式・十字手

動作一：右足外擺衝向南方，湧泉右旋，胯根微沉，身體右轉約 45°，面向正南。然後左足退於右足左側踏實，足尖衝南，兩足與肩同寬，體重平均負擔，同無極式，兩掌外旋收於兩胯前，掌心斜向上，兩腿落胯徐徐下蹲，重心下移，鬆肩撐肘，肩呈弧形，兩掌背塌勁，掌心向上，指尖相向；雙目視前方（圖3-418）。

・圖3-418　　　　・圖3-419　　　　・圖3-420

動作二：兩足湧泉鬆沉吸地，兩足蹬地、膝上挺，上體提頂吊襠；

同時，兩掌左右分開隨身體上升，邊內旋邊從身體左右弧形向上、向面前合攏，意貫指尖，右掌在外，左掌在內，十字交叉於胸前，掌背含掤勁，與肩同高，雙臂圓抱，氣勢飽滿；目向前視（圖3-419、圖3-420）。

要點 十字手，狀如十字，變化無常，可守可攻，可捌可将，可肘可靠，直來橫引，正來斜旋，可謂「變化萬端」。

## ▌第一百零八式・合太極

動作一：雙腿落胯屈膝下蹲，湧泉吸地，重心下降；同時，兩肘內收下沉，雙掌內旋漸向下分開按於膝前，掌根塌勁，掌心向下，指尖向前；目向前視（圖3-421）。

・圖3-421

動作二：雙足蹬地，身體漸起立，兩肘內收，兩掌緩緩按於兩胯外側，手臂略屈，身體各部鬆沉，恢復「無極勢」之身法狀態；目向前平視（圖3-422、圖3-423）。

要點 該式由動入靜，故曰：「合太極。」收勢還原，要按無極勢要求靜立片刻，意守丹田，養吾浩然之氣，切記不可草草收勢。

• 圖3-422

• 圖3-423

# 第四章

# 武式太極拳新架
# 一百八十四式賞析

# 一 武式太極拳新架概述

武式太極拳新架，是已故著名太極拳家、武式太極拳第五代嫡傳、河北邢台人陳固安（1913—1993）先生根據自己精心研究武式太極拳70餘年的體會，在武式老架基礎上創編而成的。

他以儒家學說為指導，參以兵家奇正虛實之機，醫家經絡氣血之說，道家吐納導引之功，技擊家蓄發提放之巧，保留老架式中的精華，去其重冗，精心組編而成。其內容招法，皆偏重於技擊方面。套路手勢複雜，動作結合擰裹、鑽翻、螺旋、摺疊、屈伸、開合等勁別，所以新架套路結構緊密，法術分明，連環不斷，姿勢舒展，優美圓活，身法皆以幾何為是，立身中正，而力點集中，腳蹬三角，身靈步活，進退自如。

新架除原有掤、捋、擠、按、採、挒、肘、靠八法外，還側重於抓、拿、閉。另在勢法中含有：穿崩護切，搬攔撲塌，托絮橫撞，擰裹搓拉，鑽採衝斬，摟勾抖掛，鎖劈挑拿等。招法上總的來說，黏著相觸，舉動不離沾、黏、化、發四字。

練架以「鬆穩慢勻」為主，行拳走架注重呼吸運氣之法。往復摺疊，進退轉換，抽胯揉胸，螺旋走化，即引即化，即化即發。化勁鬆靜，發勁乾脆。「精煉已極，極小亦圈」，沾連不脫，重在鬆放，不用拙力，意動身隨，近身欺人，以身催手，以氣發人。新架加強了連環變化之技法，授人以變化之巧。依此習之，自能掌握新架之特點和奧妙，變化莫測，旋轉自如。

## 二 武式太極拳新架一百八十四式拳式名稱

1. 起勢
2. 左懶紮衣
3. 如封似閉
4. 雲手紮掌
5. 下裏手
6. 右懶紮衣
7. 如封似閉
8. 轉身單鞭（鑽、托、刷）
9. 攔手上勢
10. 鎖手如封似閉
11. 摟膝打掌
12. 沉肘托掌
13. 揉胸開合手
14. 手揮琵琶
15. 托手迎面掌（抄、沉、托）
16. 步斗摘星
17. 猿猴伸臂
18. 跨步雲掌
19. 三合掌
20. 撩陰腕打
21. 搬攔捶
22. 如封似閉
23. 抱虎歸山
24. 外旋合手
25. 退步掛懶紮衣
26. 旋腰合手
27. 拗步抄掌單把
28. 鷂子裏翅
29. 分掌撩陰
30. 鳳凰展翅
31. 坐盤劈掌
32. 野馬撞槽
33. 抄掌、塌掌、握腕
34. 抱球勢
35. 躋步塌掌
36. 抄掌肘底看捶
37. 左右倒攢猴
38. 拳攔
39. 抱球勢
40. 橫撞
41. 拳攔鷂子鑽天
42. 下塌掌
43. 裏手
44. 下紮掌帶步托掌
45. 雙印掌
46. 提肘栽捶
47. 雲手外旋手

48. 合手
49. 摟膝打掌
50. 合手
51. 手揮琵琶
52. 腹底針
53. 弓步閃通背
54. 轉身鷹捉
55. 青龍出水
56. 上步雙托五花撩陰打
57. 獅子甩尾
58. 懶紮衣
59. 雲抹掌攔肘
60. 旋臂挫掌
61. 鷂子抓肩
62. 穿掌下勢
63. 右抱球勢
64. 左抱球勢
65. 十字雲手
66. 海底撈山揉缸沿
67. 右高探馬
68. 穿掌左高探馬
69. 穿掌外旋合手
70. 右分腳
71. 攔膝躋步撞掌
72. 左分腳
73. 攔膝撥撞掌

74. 轉身蹬腳
75. 掤手摟膝打掌
76. 猿猴伸臂
77. 踐步栽
78. 扭身回身肘
79. 螳螂栽頭
80. 抽胯鷹捉
81. 玉蠶吐絲（拿法）
82. 鉸手撲掌二起
83. 右伏虎勢
84. 大鵬展翅
85. 掤手擠掌
86. 巧捉龍
87. 提膝蹬腳
88. 外擺十字捶
89. 狸貓上樹
90. 上步搬攔捶
91. 如封似閉
92. 換手托天掌
93. 三合掌
94. 十字靠
95. 旋手合掌
96. 懶紮衣
97. 下紮掌
98. 斜單鞭
99. 左右雲手分掌

100. 野弓分鬃

101. 抱球勢

102. 斜飛勢

103. 上步外旋手

104. 穿掌腿

105. 挫掌

106. 躋步撩陰

107. 玉女穿梭

108. 鷂子展翅

109. 摩肩橫撞

110. 裹手

111. 玉女穿梭

112. 退步懶紮衣

113. 斬手

114. 攔膝抄掌

115. 迭身白虎探爪

116. 拳攔

117. 白猿摘果

118. 搖指尋梅

119. 左右揉球勢

120. 穿掌下勢

121. 右金雞獨立

122. 燕子抄水

123. 左金雞獨立

124. 抄手躋步打掌

125. 左右蝙蝠覓食

126. 上步攔手

127. 鎖手

128. 帶步迎門靠

129. 轉身白鶴亮翅

130. 白虎洗臉

131. 躋步打掌

132. 左右分水式

133. 腕打迎面掌

134. 螳螂捕蟬

135. 如封似閉

136. 手揮琵琶

137. 海底針

138. 山通背

139. 獅子把門

140. 翻身撇身捶

141. 拳攔

142. 鷂子裹翅

143. 左右揚鞭

144. 環抱太極（一把拿）

145. 擊掌

146. 回身撩陰

147. 正身腕打

148. 坐盤挎籃

149. 錦雞旋窩

150. 獅子抖項

151. 拿臂擊掌揉擠

152. 穿掌
153. 雲掌下勢
154. 敠掌抹脖
155. 帶步丹鳳朝陽
156. 敠掌塌掌
157. 雲手（左右左）
158. 拳攔
159. 玉女捧盒
160. 空心掌
161. 白蛇雙吐芯
162. 轉身挑掌十字腳
163. 過步指襠捶
164. 青龍探爪（先右、後左）
165. 穿掌盤肘雲手
166. 穿掌下勢
167. 上步七星捶

168. 退步跨虎
169. 護膝拳攔
170. 抱球勢
171. 轉身雙擺蓮
172. 海底撈月
173. 射燕勢
174. 帶步挫掌
175. 龍形起縱
176. 雙抱捶
177. 分手抱捶挫拉掌
178. 栓馬勢
179. 退步穿掌
180. 懶敠衣
181. 無極勢
182. 鎖手
183. 十字手
184. 合太極

## （三）武式太極拳新架一百八十四式拳式圖示

· 圖 4-1 起勢　　· 圖 4-2 起勢　　· 圖 4-3 起勢

• 圖4-4起勢

• 圖4-5起勢

• 圖4-6起勢

• 圖4-7起勢

• 圖4-8起勢

• 圖4-9起勢

• 圖4-10起勢

• 圖4-11起勢

• 圖4-12左懶紮衣

- 圖4-13左懶紮衣　　・ 圖4-14左懶紮衣　　・ 圖4-15如封似閉

- 圖4-16如封似閉　　・ 圖4-17如封似閉　　・ 圖4-18雲手紮掌

- 圖4-19雲手紮掌　　・ 圖4-20雲手紮掌　　・ 圖4-21雲手紮掌

• 圖4-22雲手紮掌

• 圖4-23雲手紮掌

• 圖4-24裹手

• 圖4-25右懶紮衣

• 圖4-26如封似閉

• 圖4-27如封似閉

• 圖4-28如封似閉

• 圖4-29轉身單鞭

• 圖4-30轉身單鞭

· 圖4-31轉身單鞭　　· 圖4-32轉身單鞭　　· 圖4-33轉身單鞭

· 圖4-34攔手上勢　　· 圖4-35攔手上勢　　· 圖4-36攔手上勢

· 圖4-37鎖手如封似閉　· 圖4-38鎖手如封似閉　· 圖4-39鎖手如封似閉

• 圖4-40摟膝打掌　　　• 圖4-41摟膝打掌　　　• 圖4-42沉肘托掌

• 圖4-43揉胸開合手　　• 圖4-44揉胸開合手　　• 圖4-45手揮琵琶

• 圖4-46手揮琵琶　　　• 圖4-47手揮琵琶　　　• 圖4-48托手迎面掌

- 圖4-49托手迎面掌　　・圖4-50托手迎面掌　　・圖4-51步斗摘星

- 圖4-52猿猴伸臂　　　・圖4-53跨步雲掌　　　・圖4-54跨步雲掌

- 圖4-55三合掌　　　　・圖4-56撩陰腕打　　　・圖4-57搬攔捶

· 圖4-58搬攔捶　　· 圖4-59搬攔捶　　· 圖4-60搬攔捶

· 圖4-61如封似閉　　· 圖4-62如封似閉　　· 圖4-63如封似閉

· 圖4-64抱虎歸山　　· 圖4-65抱虎歸山　　· 圖4-66外旋合手

・圖4-67外旋合手　　・圖4-68外旋合手　　・圖4-69退步掛懶紮衣

・圖4-70退步掛懶紮衣　　・圖4-71旋腰合手　　・圖4-72旋腰合手

・圖4-73拗步抄掌單把　・圖4-74拗步抄掌單把　・圖4-75拗步抄掌單把

• 圖4-76拗步抄掌單把　　• 圖4-77鷂子裹翅　　• 圖4-78鷂子裹翅

• 圖4-79分掌撩陰　　• 圖4-80分掌撩陰　　• 圖4-81鳳凰展翅

• 圖4-82鳳凰展翅　　• 圖4-83坐盤劈掌　　• 圖4-84野馬撞槽

• 圖4-85野馬撞槽　• 圖4-86抄掌塌掌握腕　• 圖4-87抄掌塌掌握腕

• 圖4-88抄掌塌掌握腕　• 圖4-89抄掌塌掌握腕　• 圖4-90抱球勢

• 圖4-91抱球勢　• 圖4-92抱球勢　• 圖4-93抱球勢

• 圖4-94躋步塌掌　　• 圖4-95抄掌肘底看捶　• 圖4-96抄掌肘底看捶

• 圖4-97左右倒攆猴　　• 圖4-98左右倒攆猴　　• 圖4-99左右倒攆猴

• 圖4-100左右倒攆猴　• 圖4-101左右倒攆猴　• 圖4-102左右倒攆猴

• 圖4-103左右倒攆猴　• 圖4-104左右倒攆猴　• 圖4-105左右倒攆猴

• 圖4-106左右倒攆猴　• 圖4-107左右倒攆猴　• 圖4-108左右倒攆猴

• 圖4-109左右倒攆猴　• 圖4-110左右倒攆猴　• 圖4-111左右倒攆猴

- 圖4-112左右倒撢猴　　・ 圖4-113左右倒撢猴　　・ 圖4-114左右倒撢猴

- 圖4-115左右倒撢猴　　・ 圖4-116左右倒撢猴　　・ 圖4-117左右倒撢猴

- 圖4-118左右倒撢猴　　・ 圖4-119拳攔　　・ 圖4-120拳攔

・圖4-121抱球勢　　・圖4-122抱球勢　　・圖4-123橫撞

・圖4-124拳攔鷂子鑽天　・圖4-125拳攔鷂子鑽天・圖4-126拳攔鷂子鑽天・

・圖4-127下塌掌　　　・圖4-128裹手　　・圖4-129下紮掌帶步托掌

・圖4-130下紮掌帶步托掌　　・圖4-131雙印掌　　・圖4-132提肘栽捶

・圖4-133提肘栽捶　　・圖4-134雲手外旋手　　・圖4-135雲手外旋手

・圖4-136合手　　・圖4-137合手　　・圖4-138摟膝打掌

・圖4-139摟膝打掌　　　・圖4-140合手　　　・圖4-141合手

・圖4-142合手　　　・圖4-143合手　　　・圖4-144手揮琵琶

・圖4-145手揮琵琶　　　・圖4-146腹底針　　　・圖4-147腹底針

- 圖4-148弓步閃通背　　・ 圖4-149弓步閃通背　　・ 圖4-150轉身鷹捉

- 圖4-151轉身鷹捉　　　・ 圖4-152青龍出水　　　・ 圖4-153上步雙托
　　　　　　　　　　　　　　　　　　　　　　　　　　　　五花撩陰打

- 圖4-154上步雙托　　　・ 圖4-155上步雙托　　　・ 圖4-156上步雙托
　五花撩陰打　　　　　　五花撩陰打　　　　　　　五花撩陰打

- 圖4-157獅子甩尾　　• 圖4-158獅子甩尾　　• 圖4-159獅子甩尾

- 圖4-160獅子甩尾　　• 圖4-161懶紮衣　　• 圖4-162懶紮衣

- 圖4-163雲抹掌攔肘　• 圖4-1164雲抹掌攔肘　• 圖4-165旋臂挫掌

- 圖4-166鷂子抓肩　　　• 圖4-167鷂子抓肩　　　• 圖4-168穿掌下勢

- 圖4-169穿掌下勢　　　• 圖4-170右抱球勢　　　• 圖4-171右抱球勢

- 圖4-172右抱球勢　　　• 圖4-173左抱球勢　　　• 圖4-174左抱球勢

- 圖4-175十字雲手　　・圖4-176十字雲手　　・圖4-177十字雲手

- 圖4-178十字雲手　　・圖4-179十字雲手　　・圖4-180十字雲手

- 圖4-181十字雲手　　・圖4-182十字雲手　　・圖4-183十字雲手

- 圖4-184十字雲手
- 圖4-185十字雲手
- 圖4-186十字雲手

- 圖4-187十字雲手
- 圖4-188十字雲手
- 圖4-189海底撈山
　揉缸沿

- 圖4-190海底撈山
　揉缸沿
- 圖4-191海底撈山
　揉缸沿
- 圖4-192海底撈山
　揉缸沿

- 圖4-193海底撈山
  揉缸沿
- 圖4-194海底撈山
  揉缸沿
- 圖4-195海底撈山
  揉缸沿

- 圖4-196海底撈山
  揉缸沿
- 圖4-197海底撈山
  揉缸沿
- 圖4-198右高探馬

- 圖4-199右高探馬
- 圖4-200右高探馬
- 圖4-201穿掌左高探馬

• 圖4-202穿掌左高探馬　• 圖4-203穿掌左高探馬 • 圖4-204穿掌左高探馬

• 圖4-205穿掌外旋合手　• 圖4-206穿掌外旋合手 • 圖4-207穿掌外旋合手

• 圖4-208右分腳　　　• 圖4-209右分腳　　　• 圖4-210右分腳

• 圖4-211攔膝躋步撞掌 • 圖4-212攔膝躋步撞掌 • 圖4-213左分腳

• 圖4-214左分腳 • 圖4-215左分腳 • 圖4-216攔膝撥撞掌

• 圖4-217攔膝撥撞掌 • 圖4-218轉身蹬腳 • 圖4-219轉身蹬腳

- 圖4-220轉身蹬腳　• 圖4-221掤手摟膝打掌• 圖4-222掤手摟膝打掌

- 圖4-223猿猴伸臂　• 圖4-224踐步栽捶　• 圖4-225踐步栽捶

- 圖4-226扭身回身肘　• 圖4-227螳螂栽頭　• 圖4-228抽胯鷹捉

· 圖4-229玉蠶吐絲　· 圖4-230絞手撲掌二起· 圖4-231絞手撲掌二起

· 圖4-232絞手撲掌二起　· 圖4-233右伏虎勢　· 圖4-234大鵬展翅

· 圖4-235大鵬展翅　· 圖4-236大鵬展翅　· 圖4-237掤手擠掌

- 圖4-238掤手擠掌　　　・圖4-239掤手擠掌　　　・圖4-240掤手擠掌

- 圖4-241掤手擠掌　　　・圖4-242巧捉龍　　　　・圖4-243巧捉龍

- 圖4-244提膝蹬腳　　　・圖4-245提膝蹬腳　　　・圖4-246外擺十字捶

• 圖4-247外擺十字捶　• 圖4-248外擺十字捶　• 圖4-249狸貓上樹

• 圖4-250狸貓上樹　• 圖4-251狸貓上樹　• 圖4-252上步搬攔捶

• 圖4-253上步搬攔捶　• 圖4-254如封似閉　• 圖4-255如封似閉

- 圖4-256如封似閉
- 圖4-257如封似閉
- 圖4-258換手托天掌

- 圖4-259三合掌
- 圖4-260三合掌
- 圖4-261十字靠

- 圖4-262十字靠
- 圖4-263十字靠
- 圖4-264旋手合掌

- 圖4-265旋手合掌 ・ 圖4-266旋手合掌 ・ 圖4-267懶紮衣

- 圖4-268懶紮衣 ・ 圖4-269下紮掌 ・ 圖4-270下紮掌

- 圖4-271斜單鞭 ・ 圖4-272斜單鞭 ・ 圖4-273斜單鞭

• 圖4-274斜單鞭 • 圖4-275左右雲手分掌• 圖4-276左右雲手分掌

• 圖4-277野馬分鬃 • 圖4-278野馬分鬃 • 圖4-279野馬分鬃

• 圖4-280野馬分鬃 • 圖4-281野馬分鬃 • 圖4-282野馬分鬃

· 圖4-283野馬分鬃　　· 圖4-284抱球勢　　· 圖4-285抱球勢

· 圖4-286抱球勢　　· 圖4-287斜飛勢　　· 圖4-288斜飛勢

· 圖4-289斜飛勢　　· 圖4-290上步外旋手　　· 圖4-291穿掌腿

- 圖4-292穿掌腿　　　・圖4-293穿掌腿　　　・圖4-294穿掌腿

- 圖4-295挫掌　　　・圖4-296挫掌　　　・圖4-297躋步撩陰

- 圖4-298玉女穿梭　　　・圖4-299鷂子展翅　　　・圖4-300摩肩橫撞

・圖4-301裹手　　　　・圖4-302玉女穿梭　　　　・圖4-303玉女穿梭

・圖4-304玉女穿梭　　　　・圖4-305玉女穿梭　　　　・圖4-306玉女穿梭

・圖4-307玉女穿梭　　　　・圖4-308玉女穿梭　　　　・圖4-309玉女穿梭

• 圖4-310玉女穿梭　　　• 圖4-311玉女穿梭　　　• 圖4-312玉女穿梭

• 圖4-313玉女穿梭　　　• 圖4-314玉女穿梭　　　• 圖4-315玉女穿梭

• 圖4-316玉女穿梭　　　• 圖4-317玉女穿梭　　　• 圖4-318退步懶紮衣

• 圖4-319退步懶紮衣　　• 圖4-320退步懶紮衣　　• 圖4-321退步懶紮衣

• 圖4-322斬手　　　　• 圖4-323斬手　　　　• 圖4-324攔膝抄掌

• 圖4-325攔膝抄掌　　• 圖4-326攔膝抄掌　　• 圖4-327攔膝抄掌

- 圖4-328迭身白虎探爪 ・ 圖4-329迭身白虎探爪 ・ 圖4-330拳攔

・ 圖4-331拳攔 ・ 圖4-332白猿摘果 ・ 圖4-333遙指尋梅

・ 圖4-334遙指尋梅 ・ 圖4-335左右揉球勢 ・ 圖4-336左右揉球勢

• 圖4-337左右揉球勢　• 圖4-338左右揉球勢　• 圖4-339左右揉球勢

• 圖4-340左右揉球勢　• 圖4-341左右揉球勢　• 圖4-342左右揉球勢

• 圖4-343左右揉球勢　• 圖4-344左右揉球勢　• 圖4-345左右揉球勢

- 圖4-346左右揉球勢　• 圖4-347左右揉球勢　• 圖4-348左右揉球勢

- 圖4-349穿掌下勢　• 圖4-350穿掌下勢　• 圖4-351右金雞獨立

- 圖4-352右金雞獨立　• 圖4-353右金雞獨立　• 圖4-354燕子抄水

・圖4-355燕子抄水　・圖4-356燕子抄水　・圖4-357左金雞獨立

・圖4-358左金雞獨立　・圖4-359抄手躋步打掌・圖4-360抄手躋步打掌

・圖4-361左右蝙蝠覓食　・圖4-362左右蝙蝠覓食・圖4-363左右蝙蝠覓食

• 圖4-364左右蝙蝠覓食 • 圖4-365左右蝙蝠覓食 • 圖4-366左右蝙蝠覓食

• 圖4-367左右蝙蝠覓食 • 圖4-368左右蝙蝠覓食 • 圖4-369左右蝙蝠覓食

• 圖4-370左右蝙蝠覓食 • 圖4-371左右蝙蝠覓食 • 圖4-372左右蝙蝠覓食

• 圖4-373左右蝙蝠覓食 • 圖4-374左右蝙蝠覓食 • 圖4-375左右蝙蝠覓食

• 圖4-376左右蝙蝠覓食 • 圖4-377左右蝙蝠覓食 • 圖4-378左右蝙蝠覓食

• 圖4-379上步攔手 • 圖4-380上步攔手 • 圖4-381上步攔手

・圖4-382鎖手　　・圖4-383帶步迎門靠　・圖4-384帶步迎門靠

・圖4-385轉身白鶴亮翅　・圖4-386轉身白鶴亮翅　・圖4-387白虎洗臉

・圖4-388白虎洗臉　　・圖4-389躋步打掌　　・圖4-390躋步打掌

· 圖4-391左右分水式　· 圖4-392左右分水式　· 圖4-393左右分水式

· 圖4-394左右分水式　· 圖4-395左右分水式　· 圖4-396左右分水式

· 圖4-397腕打迎面掌　· 圖4-398腕打迎面掌　· 圖4-399腕打迎面掌

- 圖4-400腕打迎面掌　　　・ 圖4-401螳螂捕蟬　　　・ 圖4-402螳螂捕蟬

- 圖4-403如封似閉　　　・ 圖4-404如封似閉　　　・ 圖4-405手揮琵琶

- 圖4-406手揮琵琶　　　・ 圖4-407海底針　　　・ 圖4-408海底針

・圖4-409山通背　　・圖4-410山通背　　・圖4-411獅子把門

・圖4-412獅子把門　　・圖4-413獅子把門　　・圖4-414獅子把門

・圖4-415獅子把門　　・圖4-416獅子把門　　・圖4-417獅子把門

- 圖4-418獅子把門　　• 圖4-419翻身撤身捶　　• 圖4-420翻身撤身捶

- 圖4-421翻身撤身捶　　• 圖4-422拳攔　　　• 圖4-423拳攔

- 圖4-424鷂子裏翅　　• 圖4-425鷂子裏翅　　• 圖4-426左右揚鞭

・圖4-427左右揚鞭　　・圖4-428左右揚鞭　　・圖4-429左右揚鞭

・圖4-430懷抱太極　　・圖4-431懷抱太極　　・圖4-432擊掌

・圖4-433回身撩陰　　・圖4-434回身撩陰　　・圖4-435正身腕打

・圖4-436坐盤挎籃 ・圖4-437坐盤挎籃 ・圖4-438坐盤挎籃

・圖4-439錦雞旋窩 ・圖4-440獅子抖項 ・圖4-441拿臂擊掌揉擠

・圖4-442拿臂擊掌揉擠 ・圖4-443拿臂擊掌揉擠 ・圖4-444拿臂擊掌揉擠

・圖4-445拿臂擊掌揉擠 ・圖4-446拿臂擊掌揉擠 ・圖4-447拿臂擊掌揉擠

・圖4-448拿臂擊掌揉擠 ・圖4-449拿臂擊掌揉擠 ・圖4-450穿掌

・圖4-451穿掌 ・圖4-452雲掌下勢 ・圖4-453雲掌下勢

・圖4-454�掌抹脖　　・圖4-455�掌抹脖　　・圖4-456帶步丹鳳朝陽

・圖4-457帶步丹鳳朝陽　　・圖4-458�掌塌掌　　・圖4-459�掌塌掌

・圖4-460雲手（左右左）・圖4-461雲手（左右左）・圖4-462雲手（左右左）

・圖4-463雲手（左右左）　・圖4-464雲手（左右左）　・圖4-465雲手（左右左）

・圖4-466雲手（左右左）　・圖4-467雲手（左右左）　・圖4-468雲手（左右左）

・圖4-469 雲手（左右左）・圖4-470 雲手（左右左）・圖4-471 雲手（左右左）

• 圖4-472雲手（左右左） • 圖4-473雲手（左右左） • 圖4-474雲手（左右左）

• 圖4-475雲手（左右左） • 圖4-476雲手（左右左） • 圖4-477雲手（左右左）

• 圖4-478雲手（左右左） • 圖4-479雲手（左右左） • 圖4-480雲手（左右左）

· 圖4-481雲手（左右左） · 圖4-482雲手（左右左） · 圖4-483雲手（左右左）

· 圖4-284拳攔 · 圖4-285玉女捧盒 · 圖4-286定心掌

· 圖4-287定心掌 · 圖4-288白蛇雙吐芯 · 圖4-289白蛇雙吐芯

‧圖4-490轉身挑掌十字腳 ‧圖4-491轉身挑掌十字腳 ‧圖4-492過步指襠捶

‧圖4-493過步指襠捶 ‧圖4-494過步指襠捶 ‧圖4-495青龍探爪

‧圖4-496青龍探爪 ‧圖4-497穿掌盤肘雲手‧圖4-498穿掌盤肘雲手

• 圖4-499穿掌盤肘雲手 • 圖4-500穿掌盤肘雲手 • 圖4-501穿掌盤肘雲手

• 圖4-502穿掌盤肘雲手 • 圖4-503穿掌盤肘雲手 • 圖4-504穿掌下勢

• 圖4-505穿掌下勢 • 圖4-506穿掌下勢 • 圖4-507上步七星捶

* 圖4-508上步七星捶　　* 圖4-509上步七星捶　　* 圖4-510退步跨虎

* 圖4-511退步跨虎　　* 圖4-512護膝拳攔　　* 圖4-513抱球勢

* 圖4-514轉身雙擺蓮　　* 圖4-515轉身雙擺蓮　　* 圖4-516轉身雙擺蓮

• 圖4-517轉身雙擺蓮　　• 圖4-518海底撈月　　• 圖4-519海底撈月

• 圖4-520海底撈月　　• 圖4-521海底撈月　　• 圖4-522海底撈月

• 圖4-523射雁勢　　• 圖4-524射雁勢　　• 圖4-525帶步挫掌

・圖4-526龍形起縱

・圖4-527龍形起縱

・圖4-528龍形起縱

・圖4-529龍形起縱

・圖4-530雙抱捶

・圖4-531雙抱捶

・圖4-532分手抱捶
　挫拉掌

・圖4-533分手抱捶
　挫拉掌

・圖4-534分手抱捶
　挫拉掌

・圖4-535分手抱捶
　　挫拉掌

・圖4-536分手抱捶
　　挫拉掌

・圖4-537拴馬式

・圖4-538拴馬式

・圖4-539退步穿掌

・圖4-540懶紮衣

・圖4-541無極勢

・圖4-542無極勢

・圖4-543鎖手

・ 圖4-544鎖手　　　　　・ 圖4-545十字手　　　　・ 圖4-546合太極

・ 圖4-547合太極

武式太極拳 拳械彙編

# 第五章

## 武式太極長拳
## 一百零八式圖解

## 一 武式太極長拳概述

武式太極長拳一百零八式，是我國著名武術家、武式太極拳一代宗師陳固安老先師，根據自己習武70餘年的經驗、心得體會，以武式太極拳為主體，吸收了心意拳、形意拳、八卦掌、查拳等優秀技法精心組織而成。

該拳保留了武式太極拳輕靈圓活、渾厚沉實的特點，演練起來更加流暢大方，敏捷緊湊，勁力精巧，動作神速靈妙，屈伸自如，騰閃撲擊，沉猛多變，閃展靈活，聲東擊西，變化莫測，出手無露招，往來皆致用，練之以精神，發之於外表，氣勢風韻別具一格，有較高實用價值，適合廣大青少年學習演練，也適合有志武學者研究探討。

## 二 武式太極長拳一百零八式拳式名稱

1. 起勢
2. 提腕分掌鎖手，向左雙撲掌
3. 左右抄肘外旋三合掌
4. 抄左手橫擊雲手
5. 抱球橫撞
6. 挽手穿靠
7. 下塌掌
8. 裏裏手
9. 穿掌下勢
10. 上步撩陰掌
11. 摟膝挫掌
12. 迎門腿穿掌
13. 左右懶紮衣
14. 狸貓上樹
15. 拳攔
16. 拗步搬攔捶
17. 雙抱捶
18. 鷂子括翅
19. 過步十字靠
20. 外旋手雙把
21. 穿掌
22. 下紮掌
23. 裏裏手

24. 腕打回身掌
25. 挫步裹橫
26. 懷抱頑石
27. 龍形起縱
28. 騰躍鑽崩捶
29. 貼身連環踢打
30. 抄手攔腰斬
31. 旋風掌
32. 雲掌下勢
33. 躍步栽捶
34. 翻身三劈掌
35. 反腕切掌，
穿掌提右膝，挫拉掌
36. 翻身撇身捶
37. 拳攔
38. 左右鷂子抓肩
39. 擊掌拤嗉
40. 旋臂擰身朝陽捶
41. 單元炮
42. 下塌掌，裹手、穿掌
43. 燕子抄手
（上步左右穿掌，
回身下勢插花掌）
44. 抄掌琵琶勢
45. 退步擊掌倒攆猴
46. 進步三磨掌回身斜飛勢
47. 飛身旋手栽捶
48. 鷹捉水裏按瓢
49. 大鵬展翅
50. 伏虎巧捉龍
51. 提膝蹬腳
52. 轉身蹬腳
53. 震腳劈掌
54. 上步崩拳
55. 如封似閉
56. 回身肘蓋掌
57. 活腕擒臂擊掌
58. 閃通背
59. 懶紮衣
60. 雲掌抹脖抄肘塌掌
61. 拳攔撲腳
62. 後掃挫掌
63. 抓肩拐線頂肘
64. 挑打
65. 旋手擊腹
66. 拳攔摘星掌
（接左躋步打掌）
67. 倒攆猴
（打右、左、右三個）
68. 蝴蝶穿花（打四角）
69. 鎖手，提腕單把白猿擊鼓
70. 抄肘轉身琵琶勢

71. 左右轟掌，提膝撞掌

72. 白蛇吐芯（抄掌，
　　頂心肘，拗步，提
　　肘雲手）

73. 左、右高探馬

74. 抄左手蹬右腿

75. 轉身蹬左腿

76. 裏合蹬，右腿蹬腳

77. 五花拗步撩陰捶
　　（接反衝拳）

78. 搬攔腿

79. 車輪炮

80. 旋右手上左步擠掌

81. 腰裏斬

82. 挫把螳螂捕食

83. 鷂子入林

84. 搖枝尋梅

85. 拳攔鑽靠

86. 挑領挫把（回身接三
　　合掌）

87. 虎撲雙撞掌，穿掌

88. 活腕扭身揉球，
　　撥手撞掌

89. 三合掌野馬分鬃

90. 提肘挫掌

91. 鷹捉衝拳

92. 雞形跳腳（左、
　　右、左、右、左）

93. 白鶴亮翅

94. 白虎洗臉，三腕打

95. 劈掌海底針

96. 絞手跺子腿橫拳

97. 抄手單把

98. 震腳，玉女捧盒，
　　頂心掌

99. 轉身十字腿過步
　　指襠捶

100. 穿掌回身下勢上
　　　步七星捶

101. 退步跨虎

102. 拳攔、擺蓮腿

103. 海底撈月（接外旋手）

104. 鷂子穿林

105. 仙人臥床

106. 四方十字把

107. 環形裏橫

108. 合太極

## （三）武式太極長拳拳式圖解

### 上半路

#### 1. 起勢

兩腳開立與肩同寬，兩臂自然下垂，頭正、身直、肩平；目視前方。隨即兩手上托翻腕推把下沉，兩膝屈蓄成無極勢（圖5-1－圖5-7）。

· 圖5-1

· 圖5-2

· 圖5-3

· 圖5-4

・圖5-5　　　　　・圖5-6　　　　　・圖5-7

## 2. 提腕分掌鎖手，向左雙撲拳

　　腰向右微轉，兩手握腕上提，身體轉正，兩手胸前鎖合，抬左腳落腳跟，身體向左轉，兩手抱於胸前（圖5-8—圖5-10）。

・圖5-8　　　　　・圖5-9　　　　　・圖5-10

### 3. 左右抄肘外旋三合掌

右手自左手下方抄出，向右轉體，右手外旋在上，左手外旋在下成三合掌式（圖5-11、圖5-12）。

· 圖5-11

· 圖5-12

### 4. 抄左手橫擊雲手

右腿向前弓步，右掌外旋擊出，左手抄右手，左腳靠於右膝窩隨即向左上步，上體左轉，同時，兩手向左橫擊（圖5-13—圖5-15）。

· 圖5-13

· 圖5-14

· 圖5-15

### 5. 抱球橫撞

上體左轉，上右步虛點，兩手如抱球狀於胸前，左手按於右手腕向右後轉體橫撞（圖5-16、圖5-17）。

· 圖5-16　　　　　　　　· 圖5-17

### 6. 挽手穿靠

右腳側進步，左腳拖步；同時右手自下穿起前靠，左手扶於右肘旁（圖5-18—圖5-20）。

· 圖5-18　　　　· 圖5-19　　　　· 圖5-20

### 7. 下塌掌

右腳向前進步，左腳跟步；右手翻腕下塌，左手按於右手背上（圖5-21）。

### 8. 裏裏手

左腳後撤步，右腳跟點於左腳前；右手外旋撐裏於胸前，左手托於右肘下。隨即右腳進，左腳跟，兩手外旋向前挫打（圖5-22、圖5-23）。

・ 圖5-21　　　　・ 圖5-22　　　　・ 圖5-23

### 9. 穿掌下勢

上左腳穿左掌，右腳仆步下勢，右掌隨右腳前穿（圖5-24、圖5-25）。

### 10. 上步撩陰掌

右腿弓起，左腳上步虛點於右腳前；左掌前撩，右掌按手左肘彎；目視左掌（圖5-26）。

・圖5-24 ・圖5-25 ・圖5-26

## 11. 摟膝挫掌

上體微右轉，左腳抬起向前上步，右腿蹬伸，成左弓步；同時，左手摟，右手向前挫按（圖5-27、圖5-28）。

・圖5-27

・圖5-28

## 12. 迎門腿穿掌

右腳前踢，左掌前穿，右掌收回，隨即，右腳落地成馬椿步，左掌收回，右掌前穿（圖5-29、圖5-30）。

## 13. 左右懶紮衣

先上右步，再上左步，走弧形成左弓步；同時，兩手自胸向前挫按。再先上左步，再上右步，走弧形成右弓步；兩手自胸向前挫按（圖5-31─圖5-37）。

· 圖5-29　　　　　· 圖5-30　　　　　· 圖5-31

· 圖5-32　　　　　· 圖5-33　　　　　· 圖5-34

· 圖5-35　　　　· 圖5-36　　　　圖5-37

### 14. 狸貓上樹

右腳抬起下踩，成坐盤步；同時，右手後採於腰間，左手前挫於身前；目視左掌（圖5-38、圖5-39）。

· 圖5-38　　　　　　· 圖5-39

### 15. 拳攔

上體左轉，成馬樁步；左手後抖，右手自左掌上方前穿橫按（圖5-40）。

### 16. 拗步搬攔捶

　　向右轉體震右腳，左腳前上，右腳跟步；同時，左手下攔，右拳鬆握自胸前打出，落點時握緊（圖5-41、圖5-42）。

・圖5-40　　　　・圖5-41　　　　・圖5-42

### 17. 雙抱捶

　　右腳後退，左腳回收虛點，隨即再上左步，右腳跟步；同時，兩手向下回收向下掃分再握拳自嘴前衝（圖5-43—圖5-45）。

・圖5-43　　　　・圖5-44　　　　・圖5-45

### 18. 鷂子括翅

　　右腳向後微移，腳尖外撇，身體右後轉，左腳隨轉體上步於右腳前虛點，兩手隨體轉；右掌裹頭下插於左胯前；左手向左上撐旋（圖5-46、圖5-47）。

· 圖5-46

· 圖5-47

### 19. 過步十字靠

　　左腳向前跨步，右腳前上成右弓步；上體右擰；右手穿臂前靠；左手下採於左胯前（圖5-48、圖5-49）。

· 圖5-48

· 圖5-49

## 20. 外旋手雙把

右腳後收虛點，右手手心向外旋轉收於胸前，左手合於右手成抱球狀，隨即右腳進、左腳跟，兩手自胸向前抖按（圖5-50—圖5-52）。

・圖5-50　　　　　・圖5-51　　　　　・圖5-52

## 21. 穿掌

上右步成右弓步；左手下按，右手向前穿掌（圖5-53、圖5-54）。

・圖5-53　　　　　　　　　・圖5-54

## 22. 下紮掌

進右步，跟左步，右手翻腕下紮，左手護於右腕旁（圖5-55、圖5-56）。

## 23. 裏裏手

左腿屈膝後坐，右腳虛點；兩手臂撑裏於胸前（圖5-57）。

• 圖5-55　　　　• 圖5-56　　　　• 圖5-57

## 24. 腕打回身掌

進右步，跟左步，向前腕打。隨即，向左後轉體，向左上步成左弓步；同時，左掌向前劈打（圖5-58—圖5-60）。

## 25. 挫步裏橫

左腳後收再前上，右腳碰左腳趨步，上右步成右弓步；身體左轉再右轉；同時，兩手下劈後左下右上分展（圖5-61—圖5-63）。

· 圖5-58　　　　· 圖5-59　　　　· 圖5-60

· 圖5-61　　　· 圖5-62　　　· 圖5-63

## 26. 懷抱頑石

　　右腳稍後收，身體左轉，兩手交叉抱於胸前。隨即向右轉體成盤步，同時，兩手分開自上向下再向上抱起於胸前，左腿前上，右腿蹬伸成左弓步，兩手向前推出（圖5-64—圖5-67）。

· 圖5-64　　　　· 圖5-65　　　　· 圖5-66

· 圖5-67　　　　· 圖5-68　　　　· 圖5-69

### 27. 龍形起縱

左腳跳起，右腳前上，成坐盤步；同時，身體上起下伏，兩手抄起後向下挫按（圖5-68、圖5-69）。

### 28. 騰躍鑽崩捶

兩腳蹬地跳起落下成馬步樁；同時，身體左轉，右拳向

・圖5-70

・圖5-71

前打出，左拳置於左腰間；目視右拳（圖5-70）。

### 29. 貼身連環踢打

跳步向右轉體成左仆步，隨即右腿蹬，成左弓步；同時，隨轉體左右拳下劈後前衝右拳。隨即收右拳、衝左拳、踢右腳，再衝右拳、收左拳、右腳落回收成左弓步（圖5-71—圖5-74）。

・圖5-72

・圖5-73

・圖5-74

## 30. 抄手攔腰斬

向右轉體成馬步，右手上抄，左手前按（圖5-75）。

· 圖5-75

## 31. 旋風掌

向右後轉體，左腿坐實，右腿虛點，兩手收於腹前。向前跳步旋轉一周，進右步，成馬步。

兩手隨轉身進步前按緊接左腿掏步，右拳下打，向左後轉體右腿掃蕩半周，兩手交叉於胸前（圖5-76—圖5-87）。

· 圖5-76　　　　· 圖5-77　　　　· 圖5-78

• 圖5-79　　　　　　• 圖5-80　　　　　　• 圖5-81

• 圖5-82　　　　　　• 圖5-83　　　　　　• 圖5-84

• 圖5-85　　　　　　• 圖5-86　　　　　　• 圖5-87

## 32. 雲掌下勢

右腿蹬地，左腿屈膝，成獨立勢；同時，右手自上向下劃圓再向上穿起，左手向左、向上、向下劃圓。

隨即右腿屈膝下蹲，左腿仆步；左手隨左腿前穿（圖5-88、圖5-89）。

・圖5-88

・圖5-89

## 33. 躍步栽捶

左腿弓起，右腿上前一步蹬地打二起腳；同時兩掌掄起擊掌拍腳。

右腿落地站穩，左腿屈膝，身體前俯，右拳擊地，左掌高舉（圖5-90—圖5-97）。

・圖5-90

・圖5-91

・圖5-92

・圖5-93

・圖5-94

・圖5-95

・圖5-96

・圖5-97

## 34. 翻身三劈掌

左腳落地，右腿插步，身體向左右後翻轉，同時兩掌交替劈出三掌（圖5-98—圖5-100）。

· 圖5-98　　· 圖5-99　　· 圖5-100

## 35. 反腕切掌，穿掌提右膝，挫拉掌

右腿立穩，提左膝，成右獨立式，右手翻腕上拉，左掌下切，上翻右掌，提右膝，成左獨立步，接退右步，左腳稍退即進，兩手向下挫拉向前打定心掌（圖5-101—圖5-105）。

· 圖5-101　　· 圖5-102　　· 圖5-103

・圖5-104

・圖5-105

## 36. 翻身撇身捶

右腳震地，左腳抬起，身體向後翻轉，同時，右拳撇出於腰間向前擊出，左手下攔於右肘下（圖5-106、圖5-107）。

・圖5-106

・圖5-107

## 37. 拳攔

兩手劃圓，左手回捋，右手前按（圖5-108、圖5-109）。

· 圖5-108

· 圖5-109

### 38. 左右鷂子抓肩

左手上抬護面，右手下插護身。右手上抄，左腳收回虛點隨即進步前上，右腳跟步，兩手前按。

左手上抄，右腳進步，左腳跟步，兩掌前按（圖5-110—圖5-116）。

· 圖5-110

· 圖5-111

· 圖5-112

- 圖5-113　　　　　- 圖5-114　　　　　- 圖5-115　　　　　- 圖5-116

### 39. 擊掌抹嗉

撤左步，右腳跟回，成併步。兩手下採，隨即上右步成右弓步；同時，右拳擊左掌（圖5-117—圖5-119）。

- 圖5-117　　　　　- 圖5-118　　　　　- 圖5-119

## 40. 旋臂擰身朝陽捶

前插左步自左後再向前轉體，成左弓步；同時，右拳下擊，左手上護，隨轉體右拳向前輕擊，左手迎合（圖5-120、圖5-121）。

• 圖5-120

• 圖5-121

## 41. 單元炮

身體向左轉，兩腿屈膝坐盤，兩臂擰裹握拳內吸蓄勁。隨即，右腿向前上步，左腿跟進；兩拳向前上崩擊，身體下沉（圖5-122、圖5-123）。

• 圖5-122

• 圖5-123

## 42. 下塌掌，裹手、穿掌

右腳進步，左腳跟步虛點；右手翻腕塌掌，左掌按於右腕上。左腳稍退落實，右腳後撤即進，左腳跟進；兩手先向後裹蓄再前按。右腳繼續向前上步，左腳跟上併步，右手穿起，左手下護（圖5-124—圖5-128）。

· 圖5-124　　　· 圖5-125　　　· 圖5-126

· 圖5-127　　　　　　· 圖5-128

## 43. 燕子抄手（上步左右穿掌，回身下勢插花掌）

仆左步，穿左掌，上右步穿右掌，再上左步穿左掌，回身仆右步，右手插花下穿（圖5-129—圖5-134）。

· 圖5-129　　　· 圖5-130　　　· 圖5-131

· 圖5-132　　　· 圖5-133　　　· 圖5-134

## 44. 抄掌琵琶勢

右腿前弓，左腳上步虛點；左手上抄與胸平活腕內旋，

右手外旋護於左肘（圖5-135）。

### 45. 退步擊掌倒攆猴

左腳後退，左掌翻腕，右掌前劈。右腳後退，右掌翻腕，左掌前劈。再左腳後退，左掌翻腕，右掌前劈（圖5-136—圖5-143）。

・圖5-135　　　・圖5-136　　　・圖5-137

・圖5-138　　　・圖5-139　　　・圖5-140

## 46. 進步三磨掌回身斜飛勢

進右腳拖左腳穿左掌，進左腳拖右腳穿右掌，再進右腳拖左腳穿左掌，右腳扣攏向後轉體，兩手下劈，蹬左腿，進右步，左手下探，右臂向前穿掤（圖5-144—圖5-149）。

・圖5-144　　　　　・圖5-145　　　　　・圖5-146

・圖5-147　　　　　　・圖5-148　　　　　　・圖5-149

## 47. 飛身旋手栽捶

右腿提起，鬆腰沉胯向下踩踏，右手旋臂下擊，左手護
於胸前（圖5-150、圖5-151）。

・圖5-150　　　　　　　　　　・圖5-151

## 48. 鷹捉水裏按瓢

左腳蹬地跳起，右腿屈膝上抬，落地站穩，左腳前上步，成左弓步；同時，兩手上抄下按於腹前（圖5-152—圖5-154）。

・ 圖5-152　　　　・ 圖5-153　　　　・ 圖5-154

## 49. 大鵬展翅

右腳向左腳後上步，左腿屈膝提起，成右獨立步；同時，右手上抄於頭後上方，左手下插於左膝外（圖5-155、圖5-156）。

・ 圖5-155　　　　　　　　・ 圖5-156

## 50. 伏虎巧捉龍

左腳向左後下落，身體左轉，成右仆步；兩手下捋經腹前向上於頭左上方。左手握右腕，右手在左手下方；左腿蹬，右腿弓兩掌前擠。緊接左腳向前上步，右腳虛於左腳前，右腳落實左腳再向前上步，虛點於右腳前；同時，兩手握拳於胸前（圖5-157—圖5-163）。

・圖5-157

・圖5-158　　　・圖5-159　　　・圖5-160

・圖5-161　　　・圖5-162　　　・圖5-163

### 51. 提膝蹬腳

左腿提膝，腳尖上勾，向前蹬擊；兩掌外分抖彈。隨即左腳下落於右腳旁（圖164）

### 52. 轉身蹬腳

身體微向右轉，左腳站穩，右腳屈膝提起前蹬；兩手前後分展抖彈（圖5-165、圖5-166）。

・圖5-164          ・圖5-165          ・圖5-166

### 53. 震腳劈掌

右腳落下震腳，左腳前邁；同時，右拳擊出反掌後拉，左掌自右掌上向前挫劈（圖5-167、圖5-168）。

### 54. 上步崩拳

右腳上步震腳與左腳齊；右拳同時向前崩打，左手回護於腹前（圖5-169）。

・ 圖5-167          ・ 圖5-168          ・ 圖5-169

## 55. 如封似閉

退右步，虛點左腳；左手前掤後兩手左右劃弧合於胸前。隨即左腳上步，右腳跟步虛點；兩手向前推按，狀如抱球（圖5-170—圖5-172）。

・ 圖5-170          ・ 圖5-171          ・ 圖5-172

## 下半路

### 56. 回身肘蓋掌

身體右轉，右腳側進一步，左腳拖步，成馬步；同時，左手按右拳頂肘。緊接著右腳向前擺順，上體右撐，成右弓步；同時，右手反掌蓋出，左手護於右肘下（圖5-173、圖5-174）。

· 圖5-173

· 圖5-174

### 57. 活腕擒臂擊掌

左腳上步虛點，左手上捧，右手活腕，左腳再上步成弓步，同時，右手背擊左手掌（圖5-175、圖5-176）。

· 圖5-175

· 圖5-176

### 58. 閃通背

鬆腰沉胯，體微右轉，成馬步式，右手向上撐托，左手前按擊打（圖5-177）。

### 59. 懶紮衣

右腳上步虛點，左腳蹬伸，兩掌右手上，左手下，向上挫打（圖5-178、圖5-179）。

・圖5-177　　　　・圖5-178　　　　・圖5-179

### 60. 雲掌抹脖抄肘塌掌

右腳上步，左腳跟步成並步；右手上穿掌。緊接著左腿仆步下勢，左手隨腿穿掌，左腿前弓成左弓步，同時右手下插掌，左手抬起護於右肘處。隨即左腳收回虛點，右手翻掌，左手上抄，隨即左腳向左前進步，身體鬆沉左轉，兩手向左下塌掌（圖5-180—圖5-188）。

・圖5-180

· 圖5-181　　　　　　　· 圖5-182

· 圖5-183　　· 圖5-184　　　　　　· 圖5-185

· 圖5-186　　　　· 圖5-187　　　　　· 圖5-188

## 61. 拳攔撲腳

　　兩手劃弧自胸前左右分扯，右腳貼地掃蕩（圖5-189—
圖5-191）。

| · 圖5-189 | · 圖5-190 | · 圖5-191 |

## 62. 後掃挫掌

　　立穩右腳，左腳向後半掃，身體後轉180°；同時，兩
手隨轉體後掄擺，右上左下於胸前。隨即身體右轉成右弓
步，右手翻腕，左手挫掌（圖5-192—圖5-195）。

· 圖5-192

· 圖5-193

・圖5-194　　　　　　　・圖5-195

### 63. 抓肩拐線頂肘

身體左轉，成馬步式；右手擊肩，左肘繞環下壓後向左側頂肘（圖5-196—圖5-199）。

### 64. 挑打

鬆腰坐胯，氣沉丹田，右手上挪，左拳前擊（圖5-200）。

・圖5-196　　　　・圖5-197　　　　・圖5-198

・圖5-199 　　　　　　　　　・圖5-200

## 65. 旋手擊腹

左腳向前外擺步，右腳再向前上步，身體左轉180°，成馬步勢；隨轉體，左手上挪，右手背甩腕前擊（圖5-201—圖5-203）。

・圖5-201 　　　・圖5-202 　　　　・圖5-203

## 66. 拳攔摘星掌（接左躋步打掌）

左手将，右手前按。右手上穿於頭右上方，左手下插護腹；左膝上提成獨立勢。緊接著左腳進步，右腳跟，兩掌收攏前按（圖5-204—圖5-208）。

・圖5-204　　　　　　　　・圖5-205

・圖5-206　　　・圖5-207　　　・圖5-208

## 67. 倒攆猴（打右、左、右三個）

右腳向右後方退步，左腳跟步虛點，身體向右擰轉，右

腳進步右手旋腕向下栽拳，左手護於胸前。右腳收回虛點，同時，右手翻腕外旋手，抽胯、揉胸，兩手抱於胸前。右腳進，左腳跟步點沉，兩手向前抖按（左倒攆猴說明同右倒攆猴方向相反）（圖5-209—圖5-228）。

- 圖5-209

- 圖5-210

- 圖5-211

- 圖5-212

- 圖5-213

- 圖5-214

· 圖5-215　　　　· 圖5-216　　　　· 圖5-217

· 圖5-218　　　　· 圖5-219　　　　· 圖5-220

· 圖5-221　　　　· 圖5-222　　　　· 圖5-223

・圖5-224

・圖5-225

・圖5-226

・圖5-227

・圖5-228

## 68. 蝴蝶穿花（打四角）

左腳坐實，右腳虛點。隨即右腳上步穿右掌，接左腳上步穿左掌，右掌再於左掌下穿掌。左腿立穩，右腳起腿向前上掃蕩。右腳後落，轉身下勢成右仆步；同時，兩手先右後左穿掌，轉身後右手插花。接右弓步起身後，穿左掌，踢左腿（方向打四角，以下動作說明同前）（圖5-229—圖5-250）。

· 圖5-229　　· 圖5-230　　· 圖5-231

· 圖5-232　　· 圖5-233　　· 圖5-234

· 圖5-235　　· 圖5-236　　· 圖5-237

· 圖5-238　　　　· 圖5-239　　　　· 圖5-240

· 圖5-241　　　　· 圖5-242　　　　· 圖5-243

· 圖5-244　　　　· 圖5-245　　　　· 圖5-246

・圖5-247

・圖5-248

・圖5-249

・圖5-250

## 69. 鎖手，提腕單把白猿擊鼓

接上勢，踢完左腿後，回身成左仆步插花下勢，隨即左腿坐實，右腳收回虛點，兩手護於胸前，右腳進，左腳跟，兩掌提腕，掌根相碰，向前交替擊打（圖5-251—圖5-254）。

· 圖5-251

· 圖5-252

· 圖5-253

· 圖5-254

## 70. 抄肘轉身琵琶勢

左腳尖稍後移，右腳扣步，身體後轉180°；同時，左手抄右肘。轉身後，右實左虛步，兩手左上右下護於胸前（圖5-255、圖5-256）。

· 圖5-255

· 圖5-256

## 71. 左右轟掌，提膝撞掌

提左膝，兩手交叉向上分開合於胸前，左腳落成左弓步，同時，兩手與胸前向前推按。再提右膝，兩掌上分合於胸前，落右腳成右弓步，同時，兩掌向前推按（圖5-257—圖5-261）。

· 圖5-257　　　　　　　· 圖5-258

· 圖5-259　　　· 圖5-260　　　· 圖5-261

## 72. 白蛇吐芯（抄掌，頂心肘，拗步，提肘雲手）

右腿提起後收，再向前，形成右弓步；左掌壓，右掌前穿。身體微向左轉，緊接著右腳上步左腳拖步，成馬樁步；同時，右肘隨轉身下壓前頂。再上左步虛點，身體向右微轉，右肘上提，隨即左步前邁成左弓步，左手向左上掤，右掌劃弧按於右腹前（圖5-262—圖5-267）。

· 圖5-262　　　· 圖5-263　　　· 圖5-264

· 圖5-265　　　· 圖5-266　　　· 圖5-267

### 73. 左、右高探馬

　　左腳扣擰，右腳稍後移虛點，左腳坐實，右腳虛點，身體後轉 180°；同時，右掌外旋摺疊，左掌前上挫按。再上左步虛點，左外旋摺疊，右掌前上挫按（圖5-268—圖5-271）。

· 圖5-268

· 圖5-269

· 圖5-270

· 圖5-271

## 74. 抄左手蹬右腿

身體微左轉，上右步震腳蹬右腿，右手抄左手，兩手向外抖分（圖5-272、圖5-273）。

・圖5-272

・圖5-273

## 75. 轉身蹬左腿

落右腳提左腳，身體自左後轉 180°，隨即，兩臂展分，左腳前蹬（圖5-274、圖5-275）。

・圖5-274

・圖5-275

## 76. 裏合蹬，右腿蹬腳

左腳落，身體向左轉，隨轉體，右腿裏合，落下後緊接向前蹬腿（圖5-276—圖5-279）。

· 圖5-276

· 圖5-277

· 圖5-278

· 圖5-279

## 77. 五花拗步撩陰捶（接反衝拳）

左腿蹬地跳起，右腳落，左腳前上一步，身體右轉成左弓步；同時，右拳右下砸，左拳左外摟，身體左轉抖膀，右拳背外撩翻手下砸（圖5-280—圖5-282）。

## 78. 搬攔腿

左腿立穩，提右膝繃緊腳面彈踢；同時，翻右腕，左手自右拳下向前切掌（圖5-283）。

・圖5-280

・圖5-281

・圖5-282

・圖5-283

## 79. 車輪炮

右腳落地，身體微左旋，腰胯鬆沉；同時，右拳下栽捶。緊接著右拳上挑，再挑左拳，再接挑右拳，狀如車輪，循環三拳（圖5-284—圖5-286）。

* 圖5-284　　　　* 圖5-285　　　　* 圖5-286

## 80. 旋右手上左步擠掌

右腳後撤虛點，右手掌外旋，左手護胸。隨即右腳尖外撇落實，左腳上前一步，成左弓步；同時，右手按左掌根向前擠打（圖5-287、圖5-288）。

## 81. 腰裏斬

右腳向前一步，身體微左轉，成馬椿步；左手上掤，右手向前插斬（圖5-289）。

* 圖5-287

・圖5-288 　　　　　　　　・圖5-289

## 82. 挫把螳螂捕食

　　右腳後撤虛點，兩手扣抓下採。隨即身體後轉右腳上步撲跳，左腳隨於右腳後，身體右擰，成盤步；同時，右肘拳隨轉體後擊，接兩手向前捕按（圖5-290—圖5-292）。

・圖5-290 　　　　・圖5-291 　　　　・圖5-292

## 83. 鷂子入林

左腳上步，右腳提起彈踢，兩手向上轟掌左右分開在胸前合抱，右腳落地成右弓步，兩掌向前推打（圖5-293─圖5-295）。

· 圖5-293          · 圖5-294          · 圖5-295

## 84. 搖枝尋梅

上左腳虛點，身體向右轉；右手在臉前吊腕，左手向上捧合。左腳上步，身體向左轉；同時，兩手向右捌，左手在上於頭左上方，右手高與腹齊（圖5-296、圖5-297）。

· 圖5-296

· 圖5-297

## 85. 拳攔鑽靠

上右步，左手後捋，右手前按，右腿繼續進前，胯打之意，左腿拖步，成馬樁步；同時，右手上鑽肘靠肩打，左手貼右肘助力（圖5-298—圖5-300）。

- 圖5-298　　　　　　・ 圖5-299　　　　　　・ 圖5-300

## 86. 挑領挫把（回身接三合掌）

身體向後轉，左腳外擺，兩腿屈膝成坐盤步；兩掌隨轉體劈打，交叉合於胸前。隨即左腳蹬地，右腳提起前跨，成右弓步；同時，右掌上挑，左手下按（圖5-301—圖5-303）。

- 圖5-301　　　　　　・ 圖5-302　　　　　　・ 圖5-303

## 87. 虎撲雙撞掌，穿掌

兩手交叉向上再向左右分展，合於胸前，左腿提起靠齊右腿，緊接著右腿蹬跳，左右腳先後落地成右弓步，同時，雙掌胸前撞出，再接右掌前穿（圖5-304—圖5-308）。

· 圖5-304　　　　　　　　　· 圖5-305

· 圖5-306　　　· 圖5-307　　　· 圖5-308

## 88. 活腕扭身揉球，撥手撞掌

右腳扣擰，身體自左後轉，兩手活腕揉球於胸前，左膝抬起進步，右步跟點，兩手膝前分撥前按。接做兩次分撥前按，動作相同，左右相反。（圖5-309—圖5-316）。

· 圖5-309

· 圖5-310

· 圖5-311

· 圖5-312

· 圖5-313

· 圖5-314

· 圖5-315

· 圖5-316

### 89. 三合掌野馬分鬃

兩手左上右下合於身前，右腳向右前上步，成右弓步，同時兩手右掤左採前後分展（圖5-317、圖5-318）。

### 90. 提肘挫掌

右腿提起，上體向右轉擰，右肘旋臂上提，隨即右腿落成馬椿步，身體再向左擰轉，腰胯鬆沉，臂掌前挫（圖5-319、圖5-320）。

・圖5-317

・圖5-318

・圖5-319

・圖5-320

### 91. 鷹捉衝拳

馬樁步不動，向右擰腰挫左掌，右掌收回，再向左轉腰，收左掌，衝右拳（圖5-321、圖5-322）。

・圖5-321

・圖5-322

### 92. 雞形跳腳（左、右、左、右、左）

右腳扣擰，身體左轉，左腳虛點於右腳前，兩手自口處外翻下落，左手在上，右手在下，兩手心向外。左腳落實，右腳尖向左擺扣，兩手自口處內翻下落，右手在上，左手在下，手心均向內。左腳抬起再虛點於右腳前，兩手自口處外翻下落，左手在上，右手在下，兩手心向外。左腳再內扣，右手提起護於胸前，左手自口處內翻下落，兩掌心均向內。

・圖5-323

　右腳虛點於左腳前，兩手自口處外翻下落，右手在下，

左手在上，兩手心向外。右腳落實，左腳前上虛點，同時兩掌右下左上掤於胸前（圖5-323—圖5-329）。

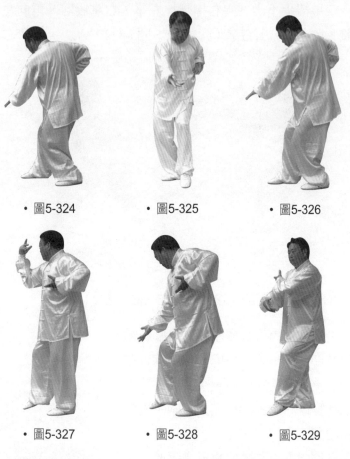

- 圖5-324　　　　　- 圖5-325　　　　　- 圖5-326

- 圖5-327　　　　　- 圖5-328　　　　　- 圖5-329

## 93. 白鶴亮翅

右腿蹬伸腰長起，右手上掤，左手下按（圖5-330）。

## 94. 白虎洗臉，三腕打

左腳向前上步，右步跟擠震腳；同時，兩手右先左後如

抨鬚狀下抨後，隨震腳右手腕前擊，接左手腕擊，再接右手腕擊（圖5-331）。

・圖5-330

・圖5-331

## 95. 劈掌海底針

右腳後撤，左腳虛點；同時，右手自上向右下再向上劃圓下劈，左手自下向上劃圓左下抨（圖5-332、圖5-333）。

・圖5-332

・圖5-333

### 96. 絞手跺子腿橫拳

右腿提膝，兩手胸前絞翻，左腿蹬，右腿落，成右弓步，兩手左掌右拳向前擊發（圖5-334—圖5-336）

· 圖5-334　　· 圖5-335　　· 圖5-336

### 97. 抄手單把

身體自左後轉，左腳外擺，右腳上步，左腳再上步，右腳跟擠；同時右掌抄起，含胸蓄勁，兩掌向前抖擊。（圖5-337—圖5-340）。

· 圖5-337

· 圖5-338

· 圖5-339

· 圖5-340

## 98. 震腳，玉女捧盒，頂心掌

右腳撤步震腳，左腳收回虛點；兩手右上左下，狀如捧盒。隨即左腳上步，右腳跟步；左手上掤，右手前擊心口（圖5-341、圖5-342）。

· 圖5-341

· 圖5-342

## 99. 轉身十字腿過步指襠捶

左腳稍後移，右、左掌白蛇吐芯前插。左腳扣擰，身體向右後轉，右腳接打擺蓮。右腳落地，左腳進步成左弓步；同時，左手下摟上提，右手向前擊襠（圖5-343—圖5-350）。

x

第五章 · 武式太極長拳一百零八式圖解

311

· 圖5-343　　　　　· 圖5-344　　　　　· 圖5-345

· 圖5-346　　　　　· 圖5-347　　　　　· 圖5-348

· 圖5-349　　　　　　　　· 圖5-350

## 100.穿掌回身下勢上步七星捶

右掌前穿，轉身左腿仆步下勢，左腿前弓，成左弓步，同時左手前穿於胸前。緊接著右腳前蹬，右拳向前上撩打（圖5-351—圖5-355）。

· 圖5-351　　　　　　　· 圖5-352

· 圖5-353　　　· 圖5-354　　　· 圖5-355

## 101.退步跨虎

右腳後撤一步，左腳退回右腳前虛點；同時，右手上抄於頭右上方，左手下按於左膝外（圖5-356、圖5-357）。

· 圖5-356

· 圖5-357

## 102.拳攔、擺蓮腿

身體自右向後旋轉一周，以右腳掌為軸碾地，左腳擦地掃蕩；兩臂自胸前左捋右按後隨體轉輪擺一周。緊接著起右腳打擺蓮腿（圖5-358—圖5-363）。

· 圖5-358

· 圖5-359

· 圖5-360

・圖5-361　　　　　・圖5-362　　　　　・圖5-363

## 103.海底撈月（接外旋手）

　　右腿向右後仆步下勢後前弓，左腿蹬伸，成右弓步；兩手自左上向下劃弧，合於胸前。緊接著左腳向前虛點，抽左腰胯，左手向外旋轉（圖5-364—圖5-366）。

・圖5-364　　　　　・圖5-365　　　　　・圖5-366

### 104.鷂子穿林

右手前穿上掤，左手下按，行八卦步走八字。左腿蹬伸，右腿前弓，右手前穿，左手後插。

再後轉身成左腿弓，右腿蹬，左手前穿，右手後插。再轉身如前（圖5-367—圖5-373）。

· 圖5-367　　　· 圖5-368　　　· 圖5-369

· 圖5-370　　　　　　· 圖5-371

・圖5-372　　　　　　　・圖5-373

## 105.仙人臥床

　　右腳收回虛點；兩掌在胸前合擊。右腳進，左腳跟；兩掌合攏前插。

　　接著左腳退步，右腳撤回虛點，右手心、手背交替三擊掌，右後上左前下分展，右腳前踢（圖5-374—圖5-376）。

・圖5-374　　　　　・圖5-375　　　　　・圖5-376

### 106.四方十字把

　　右掌下劈，右腳前上，右手同時鑽拳，接上左步劈左掌。左腳抬起略收即進，同時鑽左拳，上右步劈右掌。右腳扣擰，身體後轉，左腳上步，左手前劈，左腳抬起略收即進，同時左拳鑽出，上右步劈右掌。

　　身體左轉，左腳進步，同時鑽左拳。接上右步劈右掌。身體後轉，右腳扣擰，左腳進步，同時鑽左拳，接上右步劈右掌（圖5-377—圖5-393）。

・圖5-377　　　　・圖5-378　　　　・圖5-379

・圖5-380　　　　・圖5-381　　　　・圖5-382

・ 圖5-383

・ 圖5-384

・ 圖5-385

・ 圖5-386

・ 圖5-387

・ 圖5-388

・ 圖5-389

・ 圖5-390

・ 圖5-391

· 圖5-392

· 圖5-393

## 107.環形裏橫

上體左轉，左腳虛點於右腳旁。右腿蹬，左腿向左前弓步；同時，左手向左上掤，右手下探。左腳不動，上右腳右膝貼於左膝彎；兩掌先左後右下劈，左上右下交叉合於胸前，身體下蹲。右腳前上成右弓步，身體前衝兩臂右前左後分展。再轉身上左步依次類打，打成一環形，至右腳在前裏橫勢。然後以右腳為軸旋轉一周，成右弓步；兩掌前插，高與胸齊（圖5-394—圖5-409）。

· 圖5-394

· 圖5-395

· 圖5-396

• 圖5-397

• 圖5-398

• 圖5-399

• 圖5-400

• 圖5-401

• 圖5-402

• 圖5-403

・圖5-404

・圖5-405

・圖5-406

・圖5-407

・圖5-408

・圖5-409

## 108.合太極

左腳上步與右腳站齊，兩手左右劃弧上舉，徐徐下按，歸於無極。身體立穩，神元歸一（圖5-410—圖5-415）

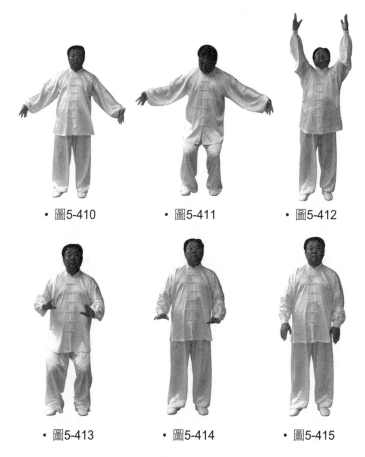

・圖5-410　　　　　・圖5-411　　　　　・圖5-412

・圖5-413　　　　　・圖5-414　　　　　・圖5-415

# 第六章

## 武式太極拳推手

# 一 八法五行實用解（亦稱定步推手八勢解）

武式太極拳經過歷代先師的總結完善，形成了系統的理論和完善的訓練體系，跌打、推拿、分筋、挫骨、點穴閉戶，應有盡有。

其中八法的練習，是武式太極拳的重點。要想學好武派拳藝，必須明八法知五行，也就是明白太極拳之應用，明白走架就是打手，打手就是走架的原理。根據「沾連黏隨，不丟不頂，無過不及，隨屈就伸」的原則，進行八法練習，前進後退，左顧右盼，立身中正；彼此找勁，探知對方的勁力大小、虛實剛柔、輕沉快慢，以求我順人背。

練習時必須周身協調、上下相隨，遵此日久自能懂勁。當能做到得機得勢，捨己從人且知己知彼時，「引進落空，借力打人」的技藝也就隨之而得了。

掤勢，在外形為勢，在內為勁，也就是掤勁，為八法之首勢。兩人沾著，首要立定腳跟，斂臀圓脊，內固精神。雖為守勢，暗寓攻勢；雖為兩臂運動，但主宰於腰。貫以意氣運動，以腰胯為主軸，內蘊彈性。

所謂心有所感，意必至動，動則生陽，靜則生陰，虛實剛柔，前進後退，兩手循環掤撐，力求輕靈圓活，槓桿旋轉，隨人所動，黏著不離，左右摺疊，內外相合，使其無隙可乘。

具體操作有合步練法和順步練法。兩人均伸一臂相沾，另一手扶按彼肘部，鬆腰坐胯，以意貫勁。發勁時尾閭前送，夾脊後鼓，前臂斜豎，前撐掤勁向前打擊。使用掤勁，要鬆靜沉著，以靜帶動，蓄勁張弓，伺機待放（圖6-1）。

・圖6-1

師云：掤在兩臂前股撐，一氣貫穿肩臂鬆。

　　　　以意導動身催手，勁沉力整富彈性。

　　将勢，也就是将勁，是掤勁的反面。與人相交，首先控制對方三節，一手沾其腕，一手沾其臂肩，這叫做塌梢節、将根節。将勁要輕，輕則靈，靈則動，動則變。将法的關鍵全在腰腿與意氣，将時身、腰、腿一氣貫穿，以達周身一家，或将或發，自然勁整。

　　**具體操作：**彼掤勁已至，我一手搭其腕，另一手順勢插於彼腋下，向裏旋腕，由肩部裏将，將對方掤勢化解，轉背為順。将勢要沾連不斷，輕鬆自然，步捷身靈（圖6-2）。

・圖6-2

　　師云：将在掌腕走滾旋，

　　　　　沾連黏隨臂腋行。

　　　　　上提下沉乘勢進，

　　　　　借力展發鑽勁能。

擠勢，也就是擠勁。掤捋為四正之主勁，擠按為掤捋之輔助勁，是用肱部進擊。運用擠，手臂要豎橫，才靈活無滯，使對方不易滑脫。擠勁並非全用臂力，而著重於腰腿，足隨手運，虛靈內含。姿勢要求輕靈圓活，頂懸身正，沉肩含胸，尾閭收住，以免失掉重心，反為人制。

**具體操作**：扭轉背勢，穩定重心，我抽胯正身，一手前臂豎撐起，另一手在內助力。臂向前擠，身要欺人，步要過人，神要儡人，隨人所動，乘勢而入，如箭脫弦，猝然發擊（圖6-3）。

師云：擠在掌背上擊胸，兩肘下沉勁力整。

沾之疾發銳難擋，矯捷善變虛實明。

按勢，也就是按勁。用雙手按對方之臂，轉換虛實於雙按之中。按中需有開合之意，要手足相應，前進後退有升降之勢。按以順步為得勢，以起步為虛，落步為實，虛則為引，實則為發，虛實輕沉，互相兼備。按在腰攻，按時需用彈力，勿使拙力，以防為人所乘。

**具體操作**：彼被擠，急向右抽胯，欲化擠勢，我乘勢用雙掌按彼兩臂，一手按右肩部，一手按臂肱，形成十字交叉狀。先下沉，後前按，湧身而進，由腿而腰而膊，節節貫穿，以意領先，以氣運

・圖6-3

身，以身催手，以意發人，吞吐浮沉，綿軟巧脆（圖6-4）。

· 圖6-4

師云：按在腰攻源動脊，
　　　　勁貫四梢剛柔濟。
　　　　力由脊發氣運身，
　　　　心動意生神形隨。

採勢，乃四隅之首勢。採是用手執人手腕，或執其肘部向下沉採。採勁與擠勁恰恰相反，擠是雙合，採是雙分。採勁為擒拿的基礎，擒拿是從採中發展起來的。所以採在十指與彼相觸，要同起鑽落翻卡住對方腕部乘機下採，速度要快，落點要準，對方不易躲防。要順彼之勁，加於彼身。

**具體操作：**兩人相對而立，雙方兩手交叉黏著，按掤、将、擠、按循環推練三圈，我右腳向右移半步，左腳隨撤一步，抽左腰胯屈坐，左手拿彼腕部，左手旋臂腕将採下蹲。採時要己身中正，沉腰坐腿，含胸拔背，鬆肩沉肘，氣沉丹田。採勁起落敏捷，迅猛多變（圖6-5）。

· 圖6-5

師云：採在十指擒拿功，
　　　　遇拿需要勁放鬆。
　　　　關節被反順勢變，
　　　　逆行填力化不通。

捋勢，也就是捋勁。捋勁在太極拳是外旋手，是逆旋之

法，是四隅重要手法之一。對方不管用什麼方法，只要在面門或胸前左右兩側，都可運用挒法。挒法著重於輕沉兼備，虛實變換要靈，以掌心為軸旋轉於對方臂肩之上，因勢利導，迫使對方失重。

**具體操作：**對方被採，急於化解，欲進靠勢，我含胸走化，旋臂挒彼臂膀腋下根節，另一手按其胯部，使其成麻花狀。挒法要彪悍，運於肱臂，旋掌挒進，勁力完整，靈活致巧（圖6-6）。

師云：挒在兩肱抄腋旋，如意向上即下寫。

掀挫發力勢精絕，剛健有力招致用。

肘勢，也就是肘勁，在八法中被認為是毒手。術語云：「遠了發手，近了靠肘。」用肘要衝，動作要快。使肘較手為短，發之得勢；較手為猛，動作神速不易避之。

肘法有提肘、掛肘、挌肘、滾肘、頂心肘、擊肋肘等。大挒中彼若挒我，即可用肘還擊。又如推手分開對方雙手時，用肘擊其胸口或其他部位。

**具體操作：**彼方被挒不得勢，乘我未發放之際，急於鬆肩，右臂向上擰旋，抽右腰胯，回勁堵我中節。

我順勢疊臂握腕下塌，以肘進擊彼之胸部。用肘要掌握不近不貼，一貼即衝，使彼莫測，乘虛

・圖6-6

以擊其空。肘勁迅猛，氣勢逼人（圖6-7）。

師云：肘在屈使招法凶，
　　　　頂心致命七坎中。
　　　　爆發力強勢難封，
　　　　剛柔並舉氣勢雄。

靠勢，也是靠勁。靠勁是近身擊人用肩靠對方胸部的一種勁法。

**具體操作**：我用肘進擊對方胸部，彼急含胸以左臂滾旋而化解。

• 圖6-7

我順勢進腿踏入中門，同時疊臂上穿，靠擊彼肩胸，另一手按擊腹部。靠勁發時要猛，猶如迅雷疾電，使彼不及換勢。要肩靠，腰抖，胯打，足趨，上下齊攻，勢猛勁速，方能應手奏效（圖6-8）。

師云：靠在肩胸去勢猛，
　　　　胯膝靠打皆致用。
　　　　進退反側應機變，
　　　　何怕敵方藝業精。

八法乃上肢之動作，習練純熟，八種勁別，彼來我往，無限循環，互相克制，生生不息。拳勢當中各種勁別，應招運勢，都可在推手八法練習中體現出來。

先哲王宗岳曰：「由招熟

• 圖6-8

而漸悟懂勁，由懂勁而階及神明。」說明欲求懂勁，務要招熟，故熟知成法，才能漸入妙境。

「五行」是指打手中的下肢動作，即前進、後退、左顧、右盼、中定，只有步法活，才能身靈，身靈才能更好地運用上肢使用八法。所以武式太極拳「立身中正，八面支撐」，落地走根，對步法要求極為嚴格。

在推手中，第一、二步前進時都要踏在對方前足外側，為之管扣。向前邁第三步時，腿要進在對方兩腿中間，為之插逼。管為發勁，扣為合勁，插為鑽勁。

步法循規蹈矩，在一條直線上相互進退，左顧、右盼，純熟後顛腿換步，任意進退，上邊運用掤、捋、擠、按、採、挒、肘、靠，處處由意而發，神凝氣固，勁由內發，發手才能迅疾，令人不易走化。

所以「八法、五行」是透過推手、聽勁掌握技擊技巧，直接用於技擊實踐的重要途徑。

陳固安師傳八法歌：

八法實用多精絕，黏著相觸神鬼驚。

出手明快而致巧，心意神清氣貫通。

動靜無始又無終，吞吐浮沉寓化勁。

輕而不浮沉不僵，剛柔相濟妙無窮。

## ㊁ 四正活步推手圖解

武式太極拳活步推手（舊時稱打手），是鼻祖武禹襄傳留下來的，利用下肢活步來完成上肢掤、捋、擠、按四正手的方法，採、挒、肘、靠四隅法暗寓其中。

初習，前進按擠，後退掤捋，按照一定規律練習，純熟

後，亂踩花，手足隨意，上下相隨，處處恰合。

按八法用法，互相克制，引勁打勁，把盤架中的招式用意，透過二人推手一一驗證。它是傷害性很小的對抗練習，是驗證太極拳功夫，掌握各種勁別和太極散手技擊術的有效方法。

武式太極推手為順步練習法，活步推手的上肢動作與定步推手相同，只是下肢需步法移動。

甲（著黑衣者）乙（著白衣者）面對而立，乙出左腳至甲右腳外側，甲方右腳踏入乙方中門（圖6-9）；乙右腳踏步向前邁，甲右腳踏步後退。乙趁甲退右步，隨即向甲左側扣邁右步（圖6-10）。甲欲退步，乙趁勢而入，左腳踏進甲之中門（圖6-11），甲抽化右腰胯向下、向前按乙（圖6-12），形成甲進乙退（圖6-13—圖6-15）。

甲乙兩手相搭，沾連不斷，循環進行，向前為按擠，後退為掤捋。

· 圖6-9

· 圖6-10

· 圖6-11

· 圖6-12

· 圖6-13

· 圖6-14

要點 進退往復各行三步，以貫、扣、插為進攻方法，第一步和第二步邁出都要停在對方同側腳的外側。第一步為貫，是發勁，第二步為扣，是合勁，第三步插入對方兩腿之間（俗稱中門）為鑽勁。

· 圖6-15

王宗岳先生拳論曰：「進之則愈長，退之則愈促。」上肢輕鬆柔和，首重往復摺疊，用意不用力；下肢進退有變，隨人所動，乘勢而入，虛實分明，聯貫協調。

### 三 四斜大捋推手圖解

太極拳中八門五步，五步即進、退、顧、盼、中定；八門即四正四隅。四正乃東、南、西、北四方之稱，即掤、捋、擠、按之謂；四隅亦稱四角，即採、挒、肘、靠之謂。四隅即是補四正手之不足。太極是由方而到圓，圓之出入，方之進退；圓是柔，方是剛，隨剛就圓；方為開展，圓為緊湊。若能在四正手中明方圓，辨陰陽，理虛實，精表裏，斯技已至大成。待定步、活步推手練至純熟之時，方可進一步練大捋之推法，能明大捋之精意，則方極而圓，圓極而方，一切循環陰陽變化之理，皆可明了而洞曉。

由於大捋動作較為複雜，尚需經明師指導，勤學苦練，求真務實，直至推手法、步法、身法上下周身協調一致後，深感樂極。大捋中變化無窮，除採、挒、肘、靠外，仍含有掤、捋、擠、按四正法，大捋中有靠、按、閃、捋，尚有掤、擠、採、肘、挒、撅等法。

**四斜大捋（即四隅推手）具體練習方法**

1. 甲乙面對而立，按四正活步推手法雙方兩右手腕交叉黏著，左手互扶對方右肘，按著掤、捋、擠、按四招式，相互循環推繞三圈（圖6-16）。之後，甲右腳向右後移半步，左腳隨著後撤一步，鬆腰落胯屈坐，成左側弓步；同時，左掌起鑽落翻，拿乙左臂腕部，右掌順勢旋右臂腕捋採乙之臂肘。乙被採，進擠步靠甲，成甲揉乙靠之勢（圖6-17）。

·圖6-16　　　　　　　　　·圖6-17

2. 甲接著起左手閃擊乙之頭部，乙急起右手迎之（圖6-18）。甲右手向上起鑽，掤起乙右臂腕向右旋轉兩周（圖6-19）；同時，右腳後撤，鬆腰落胯屈坐下勢，成右側弓步；右手拿乙右腕部下採，左手順勢旋左臂肘，将採乙之右臂肘，乙被採急向斜前方進左腳，再進右腳靠甲（圖6-20）。

·圖6-18　　　　　　　　　·圖6-19

· 圖6-20

3. 甲起右手閃擊乙之面門，乙急起左手迎之。甲左手起鑽，掤起乙左手臂腕，向左旋繞兩周；同時，左腳抬起，繞過乙方右腿，向前上步，右腳緊跟一步，隨即向右再撤，左腳鬆腰落胯屈坐下勢成左側弓步（圖6-21）；左手採乙左手腕，右手順勢旋右臂肘，捋乙之左臂肘。乙黏隨甲之勢，急顛腿換步，步踩三角，右腳斜跨一步，左腳再插甲方中門，成甲採乙靠之勢（圖6-22）。

· 圖6-21

· 圖6-22

4. 甲再起左手閃擊乙之面部，乙急起右手迎之（圖6-23）。甲右手向上起鑽，掤起乙右臂腕，向右旋轉兩周（圖6-24）；同時，右腳後撤，鬆腰落胯屈坐下勢；右手拿乙右腕部下採，左手順勢將乙之右臂肘。乙被揉捋，急顛腿換步，向斜前方進左步，再進右步，插入甲之中門靠甲（圖6-25）。

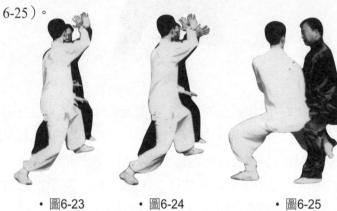

· 圖6-23　　　· 圖6-24　　　· 圖6-25

5. 緊接著，乙方開始採甲方，先向左後方，後向右後方，第個隔角（斜角）方位各採兩次。再由四正手轉入甲採乙靠之勢，左後方、右後方各採兩次。週而復始進行練習（圖6-26—圖6-34）。甲乙互成掤勢時，可收勢還原。

· 圖6-26　　　　　　· 圖6-27

・圖6-28　　　　　　　　　・圖6-29

・圖6-30　　　　　　　　　・圖6-31

・圖6-32　　　・圖6-33　　　　　・圖6-34

# 第七章

# 武式太極
# 連環十三刀

## 一 武式太極連環十三刀概述

武式太極連環十三刀，是當代武式太極名家吳文翰先生將武式太極傳統十三刀及四刀法，在太極拳理指導下結合刀術之實踐用法綜合而成。演練時既有連綿纏繞、舒展灑脫、勁意不斷之太極風韻，又有刀勢凌厲、霍霍如風之霸氣，運用時因敵變化、不拘成法，以靜伺動，輕靈敏捷。連環十三刀既可練功又可表演，因此深受太極拳愛好者之歡迎。

筆者自幼習武，先後受業於清末太極拳巨擘郝為真宗師再傳弟子陳固安、吳文翰二位先生，習武派拳藝40餘年。今將師父吳文翰親授之刀術，整理如下，供讀者研究學習。

## 二 武式太極連環十三刀刀式名稱

### ▍預備式

### （一）按刀

1. 摟膝探掌；2. 虛步交刀；3. 退步按刀；4. 進步前刺；5. 左右撩刀。

### （二）青龍出水

1. 立刀裏裹；2. 探刀前紮。

### （三）風捲殘花

1. 平分秋色（彈步下掃）；2. 纏頭藏刀；3. 摟膝斜刺；4. 護身推刀；5. 回身劈刀；6. 反臂探紮。

## （四）白雲蓋頂

1. 弓步推刀；2. 平沙落雁（抱刀前刺）；3. 枯樹盤根（左右）；4. 玉龍翻身（劈刀）。

## （五）翻身挫腕

1. 插步攔截；2. 翻身挫腕；3. 抹喉截腿；4. 懷中抱月；5. 宿鳥投林；6. 前後撩劈；7. 金雞獨立。

## （六）左右避刀

1. 右避刀；2. 左避刀；3. 撤步下截；4. 青龍探海；5. 連環三刀；6. 磨盤刀。

## （七）背刀

野戰八方（3個翻身）。

## （八）迎墳（風）鬼迷

1. 仰面雲刀；2. 進步三刀；3. 滾身掃刀；4. 單鳳朝陽（獨立托刀）。

## （九）風捲殘花

1. 上步攔掃；2. 轉身下斬（枯樹盤根）；3. 金蜂戲蕊（探臂下紮）；4. 大鵬展翅（轉身掃刀）；5. 進步前刺。

## （十）震腳提刀

1. 轉身擺蓮；2. 提刀探掌；3. 青龍入海（進步前刺）；

4. 崩刀；5. 震足提刀。

## （十一）撥雲望日

1. 弓步推刀；2. 倒打金鐘（反撩）；3. 玉帶圍腰（轉身横斬）。

## （十二）避刀敗勢

1. 鳳凰旋窩；2. 左右撩腕。

## （十三）霸王舉鼎

1. 横樑架刀；2. 翻身探絮；3. 左右撩刀。

## （十四）朝天一炷香

1. 抱刀横攔；2. 獨立下截。

## （十五）拖刀敗勢

1. 迴環抹刀；2. 拖刀敗勢。

## （十六）手揮琵琶

1. 翻身纏頭；2. 按刀前刺。

## （十七）抱刀收勢

**武式太極連環十三刀刀式圖解**

## ▌預備式

面向正南方，摒除雜念，氣斂神凝，周身放鬆，兩腳自然站立。左臂微屈稍向身前，左手拇指在上，其餘四指在下，握住刀把。刀尖朝上，刀刃朝前，刀背貼臂膀，直豎向上；右手自然下垂；兩眼平視前方，有欲動之勢（圖7-1）。

**· 圖7-1**

要點 懸頂、微收下頦，身體保持自然中正，兩臂自然鬆沉，胯根微收，臀部前送，雙膝裏合，摒除雜念，精力集中，氣舒神暢，氣納丹田。

## （一）按刀

### 1. 摟膝探掌

① 接前式。兩臂手心向內，下沉圓撐（圖7-2）。身體微向下屈蹲，右腳向右稍移，腳尖內扣，左腳虛點於右腳前，身體右轉呈右實左虛步；同時，右手由下向上提於右耳旁，掌心斜向前下方；左手握刀由外向內攬抱於

**· 圖7-2**

胸前，刀斜置於左臂之上，刀刃朝外；目視前方，定勢面側向東方（圖7-3）。

　　②身體左轉，右腿蹬伸，上左步成左弓步；同時，左手握刀自胸前下摟至左胯前，立刀，刀尖向上，刀刃朝外；右手自臉前坐腕按出，立掌指尖向上，掌心斜向左前方；目視掌前方，定勢面向東方（圖7-4）。

　　要點　在腰帶動下，兩手動作要協調自然、上下相隨，寓輕靈圓活於鬆靜沉穩之中。

・圖7-3

・圖7-4

### 2. 虛步交刀

　　左腳尖略外擺落實，隨即上右腳虛點於左腳前成右虛步，上體微右轉；同時，左手握刀由下向上弧形舉起與右手虎口相迎合，置於胸前；目視前方，定勢面向東南方（圖7-5）。

　　要點　上步與兩手抱刀要協調一致，上體中正安舒，兩肩鬆沉，兩肘圓撐又不失下墜之意，接刀自然，周身合勁。

・ 圖7-5　　　　　　　　　　・ 圖7-6

### 3. 退步按刀

接上勢。右腳向後撤一步，鬆胯落實。

左腳隨動虛點於右腳前成左虛步；同時，右手握刀柄，左手按置刀背之上，向身體右下方捋按；目視前方，定勢面向東方（圖7-6）。

要點 向下按刀，身體微向右旋，要鬆腰沉胯，兩腋空虛，鬆靜沉穩，外示安逸，內隱殺機。

### 4. 進步前刺

右腳蓄勁蹬伸，左腳向左前方上一步成左弓步，上體隨腰胯左轉合襠勁；同時，左手向上弧形抄起手掌內旋撐掤於頭左上方；右手握刀向前平刺，高與胸齊；目視前方刀攻擊點，定勢面向東方（圖7-7）。

要點 左手上掤要氣勢鼓蕩，圓活飽滿，向前刺刀要順達自然，力透刀尖，以腰帶臂，協調自然。

· 圖7-7

### 5. 左右撩刀

① 接上勢。左腳不動，右腳向左腳後上步震腳，身體隨震腳向下沉坐；同時，右手握刀沉腕，刀背向右斜上方崩起；左手落按於腕之上；目視刀身，定勢面向東方（圖7-8）。

② 上動不停，左腳尖略外擺，重心前移落於左腿之上。右腳隨即跟上虛點於左腳前，上體左轉；同時，右手握刀自右下方向左前方撩劈，刀刃朝上方；左手隨動護於右手腕處；目視刀前方，定勢面側向東方（圖7-9）。

③ 接上勢。右腳向前一步，腳尖外擺，屈膝落胯，重心移於右腿，左腳隨即跟上一步，虛點於右腳前；右手握刀甩腕翻刀，刀尖自下向右後方撩劈，刀隨勢翻起，刀尖朝上方，刀刃朝後方；左手下落護於胸前；目視刀身，定勢面側向西方（圖7-10）。

④ 上動不停，身體略下蹲，左腳向左前方一步，右腿蹬伸成左弓步；同時，右手握刀下落翻刀向左前上方撩劈；左手在胸前劃弧，屈臂手心外翻，掤於頭左前上方；目視刀前刃，定勢面向東方（圖7-11）。

・圖7-8

・圖7-9

・圖7-10

・圖7-11

要點 震腳崩刀、沉氣抖腕,要一氣呵成,力貫刀背。向左、向右撩刀時,刀隨身走,刀勢步法協調一致,兩臂運作,圓活自然。

## （二）青龍出水

### 1. 立刀裹裹

接上勢。左腳不動,右腳向前一步,虛點於左腳前,成

右虛步；同時，上體先向左轉再微右轉；左手下落與右手相合捧刀裏裏，刀尖向上，刀刃向左，斜置於身前；目視刀身，定勢面側向東南方（圖7-12）。

要點 裏刀要鬆腰落胯，丹田處向內吸勁，裏勁要有外撐之意，抱刀時肩肘要鬆沉，腰的左轉右旋與抱刀要協調一致。

### 2. 探刀前紮

接上勢。左腿蓄勁蹬伸，右腳向前一步，沉腰落胯成右弓步；同時，兩手前後展開，右手握刀向前紮，刀尖向前上方，刀刃向左方；左手展按於身後；目視刀紮前方向，定勢面向東南方（圖7-13）。

要點 向前紮刀，右手臂向外旋撐伸出，力達刀尖。弓步與紮刀要協調一致，整個動作要聯貫沉穩。

· 圖7-12 　　　　　　　　· 圖7-13

## （三）風捲殘花

### 1. 平分秋色（彈步下掃）

左腳向前彈步，右腳提起，鬆腰落胯蓄勁成左獨立勢；同時，左手前移，右手握刀回撤，合於胸前，左手在內，右手在外。隨即兩手同時展開，右手握刀下劈於右胯旁，刀尖斜向前下方，刀刃向下；左手向上掤起，肘圓撐，左手心朝頭左前上方；目視前下方，定視面向東南方（圖7-14）。

・圖7-14

要點 左腳向前彈步，右腳抬起與掃刀要流暢自然。獨立步左膝關節屈蓄鬆沉，右腿提膝，高與腰平。

## 2. 纏頭藏刀

① 上動不停，右手握刀甩腕，刀尖向下、向後，繞至頭右上方；左手自上而下按於右胯旁，手心向下；同時，身體長起成左獨立勢；目視前方，定勢面向東南方（圖7-15）。

・圖7-15

・圖7-16

②左腿蹬伸，右腿向前落步，腳尖稍內扣，呈右弓步；同時，右手握刀纏頭自左肩下落，下拉置於右胯旁，刀尖向前、刀刃向下；左手向胸前抬起與右手相合，右手在外、左手在內，隨即左手自胸前推出，手心向前，指尖高與口齊；目視前方，定勢面向東南方（圖7-16）。

> 要點　纏頭刀背圍脖而走，弓步拉刀要沉穩圓活，鬆腰塌胯，上體正直，左掌指領起，勁貫勞宮穴。

### 3. 摟膝斜刺

右腳向內碾地蹬伸，左腳抬起向前落步成左弓步；同時，身體左轉約90°，左手摟膝向上掤起於頭左上方，手心斜向上方；右手握刀前刺，刀刃向左、刀尖向前，高與胸齊；目視前方，定勢面向東北方向（圖7-17、圖7-18）。

> 要點　上體左轉與弓步前刺要協調一致，勁貫刀刃。目隨勢運，意遠勁長。

・圖7-17　　　　　　　　・圖7-18

### 4. 護身推刀

① 接上式。先向左轉體，左腳尖略外擺，重心前移落於左腿之上，右腳隨即跟上虛點於左腳前；同時，右手握刀屈臂向上撩於頭左前方，刀刃向上、刀尖斜向前下方；左手收回護於右手腕旁；目視前方，定勢面向東北方（圖7-19）。

② 上動不停，身體向右轉約90°，右腳向右一步，腳尖外擺，重心移於右腿，左腳隨即跟上虛點於右腳前，鬆腰落胯成左虛步；同時，右手握刀，刀刃向外滾翻，自胸前護身拉起至頭右側上方，刀刃向上，刀尖向前下方；左手隨動護於右手旁；目視前方，定勢面側向東南方（圖7-20）。

· 圖7-19

· 圖7-20

③ 右腿蹬伸，左腳向前上步成左弓步；同時，右手握刀向前推出，刀刃向外、刀尖向前下；左手仍護於右手旁；目視前方，定勢面向東南方（圖21）。

要點 步隨身換，身刀合一，身體左旋右轉與兩臂動作協調一致，勁貫刀刃。

· 圖7-21　　　　　　　　　　· 圖7-22

### 5. 回身劈刀

接上式。身體向右後轉180°，左腳尖向右後方扣擰蹬伸，右腳抬起向前跨步，成右弓步；同時，右手握刀自頭上向身體後下方反劈，刀刃向前下方、刀尖朝斜上方；左手置於身體左後側；目視前方，定勢面向西北方（圖7-22）。

要點 翻身劈刀要一氣呵成，以腰帶臂，甩膀沉腕，勁貫刀刃，氣沉丹田。

### 6. 反臂探絮

①身體向右轉，左腳上步，腳尖內扣；右腳虛點於左腳旁，屈膝鬆胯，上體下沉；同時，兩手隨身體轉動合抱於胸前，左掌在上，掌心向下；右手握刀在下，刀刃向外；目視左掌前方，定勢面向北方（圖7-23）。

②身體繼續向右轉，並向下俯，左腿屈膝立穩，右腳抬起；同時，右手握刀向下截劈於右胯前，隨即反臂翻刀，刀身斜橫於身前，刀尖斜向下；左手隨右手展開於頭後上

・圖7-23

・圖7-24

方，手心向外，指尖向上；目視刀尖，定勢面向東方（圖7-24）。

③上勢不停，左腳蹬伸，右腳向前跨一步，左腿內掩合襠勁成右弓步；同時，右手握刀向前探紮，左手下落按於右手腕處，手心向下；目視前方，定勢面向東方（圖7-25）。

要點 此式轉腰帶臂，刀隨身走，劈刀時身須下俯，反臂探紮與弓腿要運行一致，氣穩步實，精神專注，護住下盤，探臂紮刺敵方。

## （四）白雲蓋頂

### 1. 弓步推刀

①左腳不動，右腳收回虛點於左腳前，身體向左轉約90°；同時，右手握刀隨體轉上撩於頭左前方，刀刃朝

・圖7-25

上，刀尖斜向下；左手自後向前合於右手旁；目視前方，定勢面側向東北方（圖7-26）。

・ 圖7-26

②上體向右後轉180°，右腳向前稍移，以腳跟為軸、腳尖外擺後落平，左腳跟抬起，以腳尖點地隨右腳擰轉，鬆胯擰腰，成交叉步；同時，右手握刀隨轉體拉刀橫於胸前，左手隨動托刀，兩手置於右肩外；目視刀刃前方，定勢側向東南方（圖7-27）。

③左腳上前一步虛點於右腳前，右腿屈膝鬆胯下坐蓄勁，左手扶刀背。上動不停，右腿蹬伸，左腿前跨一步成左弓步；同時，上體左轉，兩手向右前上方推刀；目視前方，定勢面向東北方（圖7-28）。

・ 圖7-27

・ 圖7-28

**要點** 弓步推刀前，刀要在身體左旋右轉下迴環自然。推刀時要頂頭豎尾，氣向下沉，意貫刀刃。

### 2. 平沙落雁（抱刀前刺）

① 接上式。左腳尖外擺，右腳跟抬起外擰，兩腿屈膝成坐盤步；同時，上體向左擰轉；右手握刀甩腕向左後下方刺，刀尖迴環向前甩起；左手隨動與右手合抱於胸前。左手在內，右手握刀在外，刀刃朝外、刀尖斜向前上方；目視刀尖前方，定勢面側向東方（圖7-29）。

② 左腳蹬伸，右腳向前跨步成右弓步；同時右手握刀前刺，刀刃向左、刀尖向前；左手向後展開按於左胯後方，指尖向左，手心向下；目視前方，定勢面向正東方（圖7-30）。

**要點** 抱刀前刺、蹬腿、長腰、舒臂、沉胯、左手塌勁，整個身體型成對拉拔長之勢，動作協調自然，一氣呵成。

・圖7-29　　　　　・圖7-30

### 3. 枯樹盤根（左右）

① 接上式。右腳稍內扣，左腳自右腳後向前插步坐盤；

・圖7-31　　　　　　　　・圖7-32

同時，上體左轉；右手握刀回撤，刀自背後裏腦，經左肩胸部向下斜劈於身體右前下方，刀尖朝前、刀刃向外；左手自後與右手合抱於胸前，左手在內，右手向下劈刀時左手向上旋翻掤架於頭左上方，手心向斜上方；目視刀尖，定勢面側向東方（圖7-31）。

②上動不停，雙腳同時向後擰轉，身體自左向後轉180°，隨即左腳不動，右腳自左腳後向前插步坐盤；同時，右手握刀自下向上，刀刃向外、刀尖向下經頭自右肩滾出下劈，刀刃向外，刀尖朝前下方，左手隨右手展開後與右手胸前交叉，左手在右肩處，手心向上，指尖向右，右手在下，手心向上；目視刀尖，定勢面側向東方（圖7-32）。

要點 此式接上刺下劈，晃上攻下，突襲敵方左右下盤。向前插步、俯身坐盤與劈刀要乾淨俐落、一氣呵成。

### 4. 玉龍翻身（劈刀）

接上式。兩腳同時自右向後擰轉，身體彈起轉動180°。隨即，左腳蹬伸，右腳向前跨步，成右弓步；同時，右手握

刀隨轉體自下經左後方自頭上向前劈去，落於身前，刀刃朝下、刀尖朝前；左手隨勢展開按於左後下方，手心向下，指尖向左斜後方；目視前方，定勢面向東方（圖7-33、圖7-34）。

〔要點〕翻身劈刀，轉身幅度較大，劈刀時刀要隨身走，身刀合一，翻身上步，鬆腰落胯，協調自然，和諧一致。

・圖7-33　　　　　　　　　　　・圖7-34

## （五）翻身挫腕

### 1. 插步攔截

接上式。左腳不動，右腳自左腳前向左插步，上體向左轉；同時，右手握刀自前向左甩再向右後下方劈刀，刀刃向外、刀尖向右後下方；左手同右手於胸前交叉後展開搠於頭左上方，手心斜向上方；目視刀尖，定勢面側向北方（圖7-35）。

〔要點〕插步與下劈要協調一致，左腿要落胯沉坐，有蓄勁騰挪之勢。

· 圖7-35 · 圖7-36

## 2. 翻身挫腕

上動不停，右腳落步，左腳向右腳前上步蹬地跳起，空中轉體 180°，右腳先落地，左腳隨即後撤一步，右腳虛點於左腳前，成右虛步；同時，右手握刀隨轉體自下而上大掄一週，橫刀向下按於右腳前；左手隨勢旋轉拥於頭左上方；目視刀身，定勢面側向東方（圖7-36—圖7-38）。

· 圖7-37

· 圖7-38

要點 右腳插、左腳上、蹬地跳起、空中轉身撤步、收步，步法要清晰不亂、聯貫緊湊。翻身下按，如鷹之騰空撲擊，一擊中的。

### 3. 抹喉截腿

① 接上式。左腿蹬伸，右腳前跨一步，身腰長起成右弓步；同時，右手握刀翻腕向前上抹推，左手助右手推刀之勢按於右手腕旁；目視前方，定勢面向東方（圖7-39）。

② 左腳不動，右腳收回，虛點於左腳前，重心移於左腳，成左虛步；同時，右手握刀甩腕翻刀下截，刀刃斜朝外，刀尖斜向下方；左手隨勢挪架於頭左上方，手心向斜上方；目視刀身，定勢面向東方（圖7-40）。

•圖7-39    •圖7-40

要點 蹬腿、推刀，氣要把定，節節貫穿，力達刀刃。撤步與下截要緊湊利落，擊上取下，手腕翻轉要自如。

### 4. 懷中抱月

接上式。左腿蹬伸，右膝抬起，成左獨立勢；同時，兩

・圖7-41　　　　・圖7-42

手向身前收合，抱刀於胸前，左手在外，右手在內，刀刃向左外方，刀尖斜向前上方；目視刀尖，定勢面向東方（圖7-41）。

要點 獨立抱刀，左實、右虛要分明。要中正安舒，凝神斂氣，靜中求動。

### 5. 宿鳥投林

接上式。左腳蹬勁，右腳向前跨跳一步，身體向前彈起，右腳踏實，穩定重心，左腳屈膝抬起，成右獨立勢；同時，右手握刀自胸前向前捅刺，刀尖向前，刀刃向下；左手向後展開，手心向後，指尖向上；目視前方，定勢面側向東方（圖7-42）。

要點 蹬地前刺，身體要如箭離弦。前刺力點集中，手腕挺緊，神到、意到、勁到。

### 6. 前後撩劈

①接上式。左腳向後落步，屈膝下坐，鬆腰落胯，右

腳隨即後撤，虛點於左腳前；同時，上體微向右轉，右手握刀向前上方撩劈，刀刃朝上，刀尖朝前；左手在頭左後方，手心向外，指尖向上；目視刀尖，定勢面側向東方（圖7-43）。

②上動不停，右腳向前，腳跟著地，腳尖外擺，屈膝落胯下坐，左腳遂上前一步，虛點於右腳前。同時，腰、胯、身向右旋轉，右手握刀翻腕，自前下向後上方撩劈，沉腕架刀於頭方，左手隨動轉於胸前立掌，手心朝外。目視前方，定勢面側向東方（圖7-44）。

・圖7-43　　　　　　　　　・圖7-44

③上動不停，左腳跟落地，腳尖外擺，屈膝鬆胯，重心落於左腿，右腳向前一步，虛點於左腳前，成右虛步；同時，腰、胯、身向左旋轉，右手握刀隨轉體翻腕向前撩劈，刀尖向前，刀刃向上；左手隨動護於頭左後上方，手心向外，指尖向上；目視前方，面側向東方（圖7-45）。

④上動不停，左腳不動，屈膝沉胯，腰微前俯塌勁，右腳屈膝抬起；同時，右手握刀翻腕向下截劈，刀刃向右外，刀尖向下；左手隨身轉於頭左外上方，手心向外，指尖

・圖7-45

・圖7-46

向上；目視刀尖，定勢面向東方（圖7-46）。

⑤ 上動不停，左腳蹬伸，右腳向前跨步，尾閭前送，提頂豎脊，兩股靠攏裹襠，重心前移，成右弓步；同時，右手握刀先下劈後上撩，刀尖斜朝前，刀刃向左；左手向後下落按於左身後，手心向下，指尖斜向左；目視刀尖，定勢面向東方（圖7-47）。

要點　本式左旋右轉，往復轉折，以腰為軸推動刀勢，前撩後劈，連綿不斷，刀隨腰運不要脫節。下劈前撩與抬腿跨步，要協調一致。

### 7. 金雞獨立

接上式。左腳以腳跟為軸，腳尖外擺，右腿屈膝上抬，重心移於左腿，成左獨立勢；同時，上體左轉90°，右手握刀自頭上方下劈於右膝內側，刀尖斜向上方，刀刃斜向下方；左手弧形抬起掤架於頭左上方，手心斜向上；目視前下方，定勢面向西北方（圖7-48）。

• 圖7-47　　　　　　　　　　• 圖7-48

要點 左腿獨立勢要控縱自如，落地生根，不搖不晃。
嚴守太極身法，提頂吊襠，立身中正，雙肩雙胯要平，膝部
微屈不可蹬直，劈刀時氣向下沉。

## （六）左右避刀

### 1. 右避刀

① 接上式。左腳向左碾地蹬伸，右腳向右前落步，腰
胯右旋合襠勁，成右側弓步；
同時，右手握刀，刀尖先右
後左在頭上方甩一刀花，自
左向右拉刀，刀柄抱於右胸
前；左手自上下落，掌心貼
於右上臂內側；刀尖向後、
刀刃向外，刀背順貼於左前
臂；目視身體後方，定勢面
側向西北方（圖7-49）。

• 圖7-49

②上動不停，兩腳不動，塌腰坐胯，向下沉勁；同時，右手握刀沉腕前劈，刀尖向前，刀刃向下；左手助右手劈刀按於右手腕，掌心向下；目視前方，定勢面向東北方（圖7-50）。

・圖7-50

要點 右避刀向右側弓步時，要兩腳碾地，兩股內扣合力，轉動要有挽勁，拉刀、弓步要協調一致。

### 2. 左避刀

①接上式。左腿屈膝落胯，重心後移於左腿，右腿隨勢鋪平，成側後坐步，身體微向左擰；同時，右手握刀，外旋內裏，向後吸勁蓄於左胸前，刀尖向前，刀刃斜向上；左手隨勢附於右前臂，手心向內；定勢面向東北方（圖7-51）。

②上動不停，左腿蹬伸，右腿前弓，成右弓步；同時，右手握刀外旋前刺，刀刃向左方，刀尖向前方；左手向後下方展開，手心向下扣按，指尖向左後下方；目視前方，定勢面向東北方（圖7-52）。

・圖7-51

・圖7-52

要點 左避刀，左腿後坐，周身向內縮勁，刀要隨身擰裹蓄勢。前刺弓腿要扣襠裹胯，要有鬆活、冷彈、抖發之意，整體湧出。

### 3. 撤步下截

接上式。左腿屈膝下坐，重心後移落於左腿，右腳抬起自左腳前向左有蹬趟之意，懸停於左側方；同時，身體向左擰轉，兩手回撤抱於胸前，右手握刀下劈，刀刃向外、刀尖向下，左手向右外上方展開，手心斜向上方；目視刀劈下方，定勢面偏向西北方（圖7-53）。

・圖7-53

要點 向前蹬趟是一腿擊法，和向下劈刀要上下一致，劈刀要鬆腰沉氣，力由脊發。

### 4. 青龍探海

① 接上式。左腳蹬勁，身體彈起，右腳前送落地後左腳在右腳前依次落地，然後身體向左擰轉180°，兩腿屈膝下蹲成坐盤步，左腿在外，右腿在內；同時，右手握刀，自後下方經頭部上方前刺後甩刀頭隨身體下蹲向後下方插，刀柄置於左膝前，刀刃向下、刀尖向後下方；左手隨勢同右手於胸前交叉後置於右臉旁，掌心向內，指尖斜向前上方；目視刀尖，定勢面側向西北方（圖7-54、7-55）。

· 圖7-54　　　　　　　· 圖7-55

② 左腳蹬地，右腳前跨一步，上體隨前跨腰向右旋轉合襠勁，重心前移成右弓步；同時，右手握刀前劈，刀刃向下，刀尖向前；左手向後展開扣按於左胯後方，掌心向下，指尖向左後方；眼隨刀運，目視前方，定勢面向西北方（圖7-56）。

要點 左腳蹬地跳
起，身體要有在空中滑
行的感覺，向前刺刀時
要將右側腰儘量拉長，
助前刺之勢。上步、坐
盤、刺刀、插刀、向前
弓步劈刀，一氣呵成，
協調自然。

・圖7-56

### 5. 連環三刀

① 接上式。兩腳不動，身體稍鬆胯蓄勁；右手握刀收
回與左手在胸前交叉，隨即刀自前向後下方經頭上方劃一大
圓弧向前劈出；左手向後展開，手心向下，指尖向左後方；
眼隨刀運，目視刀劈前方，定勢面向西北方（圖7-57、圖
7-58）。

・圖7-57　　　　　　　　　・圖7-58

② 上動不停，身體重心後移，左腿屈膝下坐，右腿屈
膝收回，成右虛步；同時，右手握刀裹臂擰腕收於胸前；左

手自後向前助推於右手刀柄後端，刀尖向前，刀刃向斜上方；目視前方，定勢面向西北方（圖7-59）。

③上動不停，左腿蹬伸，右腿前弓，成右弓步；同時，右手握刀前刺，刀尖向前，刀刃向左；左手助勁按於刀柄後端；目視前方，定勢面向西北方（圖7-60）。

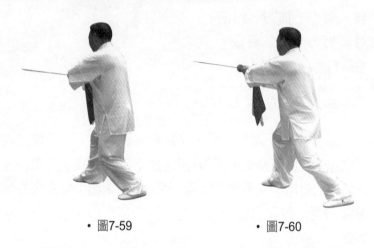

・圖7-59　　　　　　　　・圖7-60

要點 連環劈刀與上步要緊湊一致，不可懈怠。劈刀時手腕下沉，要與鬆腰沉胯一致。

### 6. 磨盤刀

上體向左轉90°，左膝上抬，腳跟貫勁前蹬、落地，腳尖外撇，右腳隨即弧形上步，腳尖內扣。左腳再腳尖外擺上步，落地後用勁蹬地跳起；右腳此時騰空，左腳落於右腳前。右腿蹬伸，裹胯合襠，身隨步轉一圓形，成左弓步。同時，左手向左領掌，掌心向前，指尖向上。右手握刀置於腰部右側隨左掌前運，隨跳步向前橫劈刀，刀刃向左，刀尖向前，左手內合抱刀。目視前方，定視面向西方（圖7-61—圖7-65）。

・圖7-61　　　　・圖7-62　　　　・圖7-63

・圖7-64　　　　　　　・圖7-65

　　要點 身隨步轉，身刀合一。步走圓形，左、右、左（跳）、右（騰空）、左，行步要鬆腰塌胯，氣沉丹田。刀要隨身體旋轉劈出，力達刀刃。

## （七）背刀

### 野戰八方（3個翻身）

　　①接上式。身體向右後轉，左腳向內扣擰，右腳前跨成右弓步；同時，右手握刀自前向後下方劈去，刀刃向右外

・圖7-66　　　　　　　　・圖7-67

下方，刀尖斜向前下方；左手掌隨勢展開挪於頭左後上方；目視刀尖，定勢面向東方（圖7-66）。

②上動不停，身體重心後移，右腳收回向右方上步，左腳隨即向右腳前再上步，成左弓步；同時，身體右轉，右手握刀自前向下經後向前甩腕，在體右側抖一刀花前劈，右手握刀柄置於左胯前，刀刃向下方，刀尖向前方；左掌自刀背上方向前穿掌紮出，手心向上，指尖向前；眼隨刀運，目視前方，定勢面向南方（圖7-67）。

③上體後轉180°，左腳向內扣撐蹬伸，右腳前跨一步，成右弓步；同時，右手握刀上提背刀，左手隨即迎拍右手腕以助右手劈刀之勢，右手旋即從右肩將刀甩起下劈，刀尖向前，刀刃朝下方；左手向後展開，手心向外，高與肩平；眼隨勢運，目視前方，定勢面向北方（圖7-68、圖7-69）。

④上動不停，右腳尖外擺，左腳向右腳前上步，成左弓步；同時，右手握刀自前向下經後向前甩腕，在右側抖一刀花前劈，後拉刀於右胯前，刀刃向下方，刀尖向前方；左掌微收攏聚勁，自刀背上方穿掌紮出，手心向上，指尖向前

・圖7-68　　　　　・圖7-69　　　　　・圖7-70

方；眼隨刀運，目視前方，定勢面向北方（圖7-70）。

　　⑤ 上動不停，左腳向內扣擰，右腳抬起向西方跨步，同時，身體自左向右轉動約 270°；右手握刀上提背刀，左手隨即迎拍右手腕，以助右手劈刀之勢。右手背刀不停從左肩自右肩將刀甩起下劈，刀刃向下方，刀尖向前方；左手向後展開，手心向外，高與肩平；目視前方，定勢面向西方（圖7-71、圖7-72）。

　　⑥ 上動不停，右腳尖外擺，左腳向右腳前上步成左弓步；同時，右手握刀自前向下經後向前甩腕在身體右側抖刀花，前臂後拉刀於胯前，刀刃向下方，刀尖向前方；左掌收攏聚勁，自刀背上方穿掌扎出，高與口齊，手心向上，指尖向前；目視前方，定勢面向西方（圖 7-73）。

・圖7-71

· 圖7-72

· 圖7-73

⑦ 上動不停，左腳扣擰，右腳抬起向東方跨步，身體右轉 180°；同時，右手握刀上提背刀，左手前迎拍右手腕，以助右手背刀之勢。右手背刀不停從左肩向右肩將刀甩起下劈，刀刃向下方，刀尖向前方；左手向後展開，高與肩平；目視前方，定勢面向東方（圖7-74、圖7-75）。

要點 此式刀法奇詭，迴環多變，可攻擊八方來敵。劈刀翻身、抖刀穿掌，都要流暢自然。步隨身換，刀隨身運，一氣呵成，霍霍生風。

· 圖7-74

· 圖7-75

## （八）迎墳（風）鬼迷

### 1. 仰面雲刀

①身體重心後移，左腿屈膝下坐，右腳收回虛點，成右虛步；同時，右手握刀與左手回收抱於胸前，右手握刀在外，左手在內，手心均向內。隨即右手向下劈刀於右胯外，刀刃斜向右外，刀尖向下；左手撒於頭左上方，手心向斜上方，指尖偏向右上方；目視刀劈下方，定勢面向東方（圖7-76）。

②兩腳不動，上體後仰；同時，右手握刀自下向上撒架於臉上方，左手隨動收合於右肘旁助右手架刀，手心向外，指尖向右；目視上方，定勢面向上方（圖7-77）。

要點 本式險中取勝，以短取長，所以要手疾眼快。仰身雲架刀，心到意生，把握時機，恰到妙處。

• 圖7-76

• 圖7-77

### 2. 進步三刀

①接上式。右腳上步蹬伸，左腳接向前跨步，成左弓

步;同時,右手握刀自頭上方翻腕前劈,刀刃向左方,刀尖向前方;左手自左合於右手抱刀;眼隨刀運,目視前方,定勢面向東方(圖7-78)。

②上動不停,右腳上步虛點於左腳前,成右虛步,上體微向右擰轉;同時,右手握刀隨身體後收右轉向右劈刀,高與腰齊,刀刃向右外方,刀尖向前;左手隨勢於頭右上方,手心向斜上方,指尖偏向上方;目視前方,定勢面向東方(圖7-79)。

③左腳跟微向內轉落實蹬伸,左腳向左斜方上步,腰胯向左旋轉,合襠裹胯;右手握刀前推,刀刃向外,刀尖向下方;左手推按刀背,力助向前推刀之勢;目視前方,定勢面向東北方(圖7-80)。

· 圖7-78

· 圖7-79　　　· 圖7-80

要點 上劈脖、下截腿,前推劈身,刀勢緊湊;上步劈脖、下步截腿,進退自如。氣沉丹田,周身一家,不可散形,以氣催勢。

### 3. 滾身掃刀

接上式。左腳不動，右腳向左腳前上步，腳尖內扣。緊接著左腳尖外擺向左外上步，蹬地送右腿騰空跳步。左腳再向前落於右腳前，成右弓步。同時，身隨步轉360°，呈一圓形。

右手握刀刀尖向下立刀。自左護身經頭一周後自右肩向左劈出，刀刃向右、刀尖向前。左手向下、向上劃弧捆於頭左上方，手心向上，指尖向右上斜方。眼隨勢運，目視前方，面向東北方（圖7-81—圖7-83）。

要點 身隨步轉，腳的外擺、裏扣，要形如流水。行步中要屈膝、鬆腰、塌胯，精神貫注。刀隨身運，隨腰胯旋轉劈出，力透刀刃。

• 圖7-81　　• 圖7-82　　　• 圖7-83

### 4. 單鳳朝陽（獨立托刀）

① 身體下蹲。左腳不動，右腳抬起腳內側貫勁向右前方跳步，成右仆步下勢；同時，右手握刀翻腕橫於胸前，刀

刃向右外方，刀尖向左方；左手下落護於左胸前，手心向外，指尖向上；目視右前下方，定勢面向東南方（圖7-84）。

②上動不停，身體重心前移，右腿蹬地立起，左腿屈膝上抬，成右獨立勢；同時，右手握刀自左向右下掃劈，隨身起刀架於右側上方，刀尖向前方，刀刃向上方；左手立掌坐腕於身旁，高與胸齊；目視前方，定勢面向東方（圖7-85）。

・圖7-84　　　　　　　　　・圖7-85

要點 仆步下勢接獨立勢，要保持上體中正，運轉襠勁，整身而起。獨立勢要保持身法，提頂吊襠，卓然而立，靜中欲動。

### （九）風捲殘花

#### 1. 上步攔掃

左腳落地蹬勁跳起，右腳跳步，左腳經右腳向前落步，右腿蹬伸，腰胯身向左旋轉，裏胯合襠，成左弓步；同時，右手握刀自頭上方向右落與肩平向左掃劈，置於左胸前，刀

刃向左，刀尖向右前方；左手隨刀落下向左平抹停於身體左側，手心向外，高與肩平，指尖向上；眼隨刀運，目視前方，定勢面向東北方（圖7-86）。

• 圖7-86

要點 跳步、劈刀、刀隨身運、身刀合一。跳步與劈刀，身體向左轉動與兩臂運作要協調一致，勁貫刀之外刃。

### 2. 轉身下斬（枯樹盤根）

① 接上式。身體重心向右移，左腳經右腳前蓋步，右腳接著上一步，左腳再自右腳後插步坐盤，同時，身體向後旋轉約270°；

右手握刀翻腕隨步進向右前下劈刀，接著刀向上甩起、刀尖向下，刀柄自頭右方裹腦，隨身體下蹲，兩手交叉抱於胸前，右手握刀在外，刀尖向左，刀刃向外，左手在內，手心向右外方，指頭向右上方；眼隨刀運，目視右下方，定勢面側向西方（圖7-87—圖7-89）。

② 上動不停，兩腳不動，身體繼續下蹲，成坐盤式；同時，兩手展開，右手握刀貼地下劈於身體右外側，刀刃向外，刀尖斜向前；

左手向左上方展開，手心向外，指尖向上；目視刀劈下方，定勢面側向北方（圖7-90）。

・圖7-87　　　　　　　　　・圖7-88

・圖7-89　　　　　　　　　・圖7-90

要點 此式隨步法連續劈出兩刀，第一刀是蓋左步時劈刀，第二刀是插步坐盤時劈刀，銜接要緊湊，不可脫節斷續。

### 3. 金蜂戲蕊（探臂下紮）

① 接上式。左腳後撤一步，屈膝下坐，右腳後移於左腳前虛點，成右虛步；同時，右手握刀抽回蓄勁於腹前，刀

尖向前下方；刀刃向左；左手自上落下抱於右手處；目視刀尖，定勢面向西北（圖7-91）。

②上動不停，身體向下鬆沉，左腳不動，右胯向左扣撐，右腳抬起向前趜；同時，右手握刀隨身體下沉向前下方紮刀，刀刃向左，刀尖向前下方；左手隨即展開，指尖向前上方，掌心向外，高與肩平；目視刀紮下方，定勢面側向西北方（圖7-92）。

・圖7-91　　　　　　　　・圖7-92

③上動不停，左腳蹬勁，右腳向前彈跳步，左腳再經右腳向前一步站穩，重心前移於左腿，右腳抬起屈膝於腹前，上體左轉，成左獨立勢；同時，右手握刀隨體轉至腹前，左手下落擊右手腕。隨即右手持刀向上甩起下劈，沉腕於腹前，刀刃斜向前方，刀尖斜向上方；左手抬起捌於頭左上方，手心向上，指尖向右上方；眼隨刀運，目視刀劈前方，定勢面向東南方（圖7-93、圖7-94）。

要點 向前彈步要輕靈穩健，左手擊右手是為了將向左旋轉之力轉變為甩腕下劈。劈刀時要沉氣坐腕，鬆腰沉胯，力透刀刃。

· 圖7-93　　　　　　　· 圖7-94

### 4. 大鵬展翅（轉身掃刀）

接上式。右腳向右後落地，左腳接上一步，右腳再向左腳後撤一步，左腳抬起成左獨立勢，上體隨步法轉動約360°；右手握刀下劈再向上纏頭裹腦下按於右胯前，刀刃向下，刀尖向前；左手下落劃圓經腹前與右手交叉抄起捅於頭左上方，手心向前，指尖斜向右上方；目視前方，定勢面向東方（圖7-95—圖7-97）。

· 圖7-95　　　　　· 圖7-96　　　　　· 圖7-97

掃劈刀時，要與轉腰翻身、步法協調一致。獨立步，左手要有向上撐力，右手要有按勁，身體上頂下沉，卓然屹立，目光遠射，有意遠勁長之勢。

### 5. 進步前刺

① 接上式。右腿屈膝，鬆腰坐胯，身體重心下落，左腳落地虛點於右腳前；同時，右手握刀上提於右腰窩，刀刃向左，刀尖向前；左手稍下落於額頭左前方，手心向前，指尖向斜上方；目視前方，定勢面向東方（圖7-98）。

② 上動不停，重心前移於左腿，左腳蹬勁，右腳騰空跳步落下，左腳再上步於右腳前，右腿蹬伸，上體左轉，裹胯扣襠，成左弓步；同時，右手握刀自腰間向前平刺，刀刃向左，刀尖向前；左手挪起於頭左上方，手心向外，指尖斜向右上方；目視前方，定勢面向東方（圖7-99）。

・圖7-98　　　　　　　・圖7-99

要點 虛步蓄勁與跳步前刺要一氣貫串，整個動作要流暢自然。弓步時前擠後撐，頂頭豎脊；前刺時前臂外擰，力貫刀尖。

## （十）震腳提刀

### 1. 轉身擺蓮

①左腳內扣，屈膝下坐，重心移於左腿，右胯向內吸，右腿自然舒伸，成後坐步；同時，右手握刀內旋，隨轉體置於腋下。左手仍掤於頭左上方，手心向外上方，手指向右斜上方；目視前方，定勢面向西方（圖7-100）。

②上動不停，左腳蹬勁，右腳自左向右扇形擺踢；同時，右手握刀不動，左手下落自右向左拍擊右腳面；目視右腳面，定勢面向西方（圖7-101）。

**要點** 本式左腳內扣，右胯內吸，身體向右後擰轉180°，保持身軀中正，要在敏捷中求穩定。左手擊打腳面要清脆響亮，不可彎腰俯身。

• 圖7-100　　　　　　　• 圖7-101

### 2. 提刀探掌

接上式。右腳落地，左腳提起成半獨立步；同時，右手握刀自左腋向右下劈，隨後翻腕提刀纏頭裹腦，再經胸前拉

刀於右肋處，刀刃向下方，刀尖向前下方；左手自左外向下、再向上與右手交叉合於胸前，然後借右手拉刀之勢向前探掌，掌心向前下方，指尖向前方；目視前下方，定勢面向西南方（圖7-102）。

要點 劈刀、纏頭、探掌，一氣呵成，要氣沉丹田，有以靜制動、一觸即發之勢。

### 3. 青龍入海（進步前刺）

接上式。右腿蹬伸，左腳落地，成左弓步；同時，腰胯沉勁，右手握刀向前下方沉腕前刺，刀尖向前下方，刀刃向下方；左手向上掤於頭左上方，手心向左上方，指尖斜向右上方；目視前下方，定勢面向西南方（圖7-103）。

・圖7-102 　　　　　　　　・圖7-103

要點 左掌上掤後引，左腿弓步與沉腕前刺如潛龍入海，以意引形，以形傳神，舒身展臂，協調自然。

### 4. 崩刀

接上式。左腿屈膝下坐，右腳向前上步虛點於左腳前，

成右虛步；同時，右手握刀，手腕上挑崩刀，刀尖向上方，刀刃向前方；左手下落按於右手腕，助右手崩刀之勢；目視刀尖，定勢面向西南方（圖7-104）。

**要點** 崩刀時，氣要下沉、鬆腰、落胯，脊後鼓，做到力由脊發，達於手腕，崩刀才能乾淨俐落、勁貫刀背。

### 5. 震足提刀

接上式。右足抬起後撤震足，左腳隨即屈膝抬起，腳尖向下，腳面微有掤勁，成右獨立勢；同時，身體向右扣擰；右手握刀上提於頭右方，刀尖斜向左下方，刀刃向外；左手按於右手腕處，臂圓撐，刀背輕貼於左前臂之上，助右手提刀之勢；目視刀尖，定勢面側向西南方（圖7-105）。

**要點** 震足丹田吐氣，以助提刀之勢，一氣呵成，不可稍有遲滯。提刀時兩臂要圓撐飽滿，氣勢鬆靜沉穩，提頂吊襠，周身合勁，蓄以待發。

・圖7-104                    ・圖7-105

## （十一）撥雲望日

### 1. 弓步推刀

① 接上式。上體右轉約90°，左腳落地，腳尖向外撇，兩腿屈膝下蹲成坐盤步；同時，右手握刀，左手移按至刀背處，兩手按刀於體前下方，刀刃向下，刀尖向左；目視刀身下方，定勢面向南方（圖7-106）。

② 上動不停，左腳蹬伸，右腿向前跨步，鬆左胯，送右胯，成右弓步；同時，兩手握刀隨身體長起向前推刀，刀尖斜向左上方，刀刃向前上方；目視推刀前方，定勢面向西方（圖7-107）。

要點 坐盤前左胯向內吸勁，便於上體向左扣撐向下坐盤。蹬腿推刀，要長腰舒肩，兩膀圓撐，力生脊背，貫於兩膊，達於兩腕，透於刀刃。

• 圖7-106　　　　• 圖7-107

### 2. 倒打金鐘（反撩）

接上式。上體左轉，右腳不動，左腳抬起自右腳後插

步，上體向左側倒，兩腿屈膝下蹲，成坐盤步；同時，右手握刀隨身體左移後自下方向右上方撩起，刀刃斜向上方，刀尖斜向前上方；左手隨勢護於右胸前，手心向右外方，指尖向上；眼隨刀運，目視刀尖前方，定勢面側向西方（圖7-108）。

[要點] 插步與撩刀協調一致，上體傾斜時抽吸右胯。胸要內含，刀背與右臂、右肩成一直線。

### 3. 玉帶圍腰（轉身橫斬）

接上式。以右腳跟為軸、左腳掌點地，身體自左向右轉約 270°，右腿蹬伸，左腳向前跨步，成左弓步；同時，右手握刀刀尖下落，自左向上、向右甩一立圓，高與肩平，隨轉體劃橫圓掃劈，落於身體正前方，刀刃向左方，刀尖向前方；左手先向左劃圓有領刀之意，再向內合於右手；目視前方，定勢面向西方（圖7-109）。

[要點] 轉身要平穩自然，不可低頭彎腰。掃刀隨身轉，身刀合一，與弓步前斬要協調一致。

・圖7-108    ・圖7-109

## （十二）避刀敗勢

### 1. 鳳凰旋窩

①接上式。左腳尖向內扣擰蹬勁，右腳尖外擺，同時，腰胯身向右旋轉，裹胯合襠，重心移向右腿，成右側弓步；右手握刀後拉平置於胸前，刀刃向外，刀尖向左後方；左手仍按於右手腕處，肘圓撐托架刀背；目視刀尖，定勢面側向北方（圖7-110）。

・圖7-110

②以右腳為軸，上體旋轉一周，左腳抬起隨轉體落於右腳左側後方，接著右腳抬起，屈膝吸胯，左腿屈膝下坐，成左半獨立步；同時，右手握刀隨轉身向後掃劈於身體右側，再隨抬膝抖腕翻刀，刀尖向右側下方，刀刃斜向前；左手隨勢展開於身體左側後方，手心向外，指尖向上；目視刀身，定勢面向西方（圖7-111、圖7-112）。

・圖7-111　　　　　　　・圖7-112

③ 上動不停，左腿蹬伸，右腳前上一步，屈膝鬆胯，成右弓步；右手握刀自下向上抹推，高與臉平，刀刃向外，刀尖向右；左手按於身體左側後方助右手推刀之勢；目視推刀前方，定勢面向西方（圖7-113）。

• 圖7-113

要點 刀勢隨身法、步法，反轉變化，隨身勁吞吐沉浮，內外統一，周身勁整。

## 2. 左右撩腕

① 身體重心後移，向左轉擰腰胯，左腿屈膝下坐，右腳收回虛點於左腳前，成右虛步；同時，右手握刀微下落，隨轉體向左上方提撩腕，刀柄置於頭前上方，刀尖向下，刀刃向外；左手隨動仍按於身體左側後方；目視刀尖，定勢面側向西方（圖 7-114）。

② 上動不停，右腳抬起，腳尖外擺，身體重心換於右腿，屈膝下坐，上體向右旋擰腰胯，左腳向前上步虛點於右腳前，成左虛步；同時，右手握刀，刀尖先向左後甩落下再隨腰轉向右前上方提撩剪腕，刀柄置於頭上方，刀刃向上，刀尖向前下方；左手隨動立掌坐腕按於胸前；目視刀尖，定勢面側向西方（圖7-115）。

要點 本式動作左旋右轉，雙臂迴環，刀隨身運。刀勢要飽滿，須在立身中正安舒、八面支撐之身勢下運作。虛步

• 圖7-114　　　　　　　　• 圖7-115

時裹襠護臀，提頂吊襠，不得搖晃傾斜。

## （十三）霸王舉鼎

### 1. 橫樑架刀

接上式。身體微右轉
下沉，左腳抬起外擺，右
腳向左腳前上一大步，身
體左轉約180°，兩腿屈膝
下蹲，臀部內斂，頂頭豎
脊，成四六側馬步；同
時，右手握刀刀尖先向右
後下落，隨體左轉向前反

• 圖7-116

撩，再向上舉起，手腕向內擰，刀在頭上方自後向左側方
甩，架於頭上方，刀柄在頭右上方，刀刃向上，刀尖向左側
方；左手隨向前撩刀向後展開，再向上托架刀背，助右手舉
刀托架；目視刀尖，定勢面側向南方（圖7-116—圖7-118）。

・圖7-117　　　　　　　・圖7-118

要點　向前撩刀要欲前先後，撩刀、托刀，配合身法的旋轉上下相隨，協調細膩，寓輕靈圓活於鬆靜沉穩之中，托刀時胯向下沉，脊向上豎，臂向上撐，有上下對拉之勢。

### 2. 翻身探桀

① 接上式。重心左移，右腳抬起回收腳尖外擺落地，身體右後轉180°，兩腿屈膝下蹲，成坐盤步；同時，右手握刀自頭後下落，刀柄落於胸前，刀背托於臂肘，刀刃向外，刀尖向前方；左手隨動掌心按於刀柄後端助勁；目視刀尖前方，定勢面側向北方（圖7-119）。

②上動不停，左腳抬起移於右腳旁，雙腳成並立步，然後左腳蹬伸，身腰長起，成右獨立步；同時左右手前後展開，右手向前捅刺，高與肩平，刀刃向左，刀尖向前；左手在後，指尖向上，手心向後外方，高與肩平；目視刀刺前方，定勢面側向東方（圖7-120）。

· 圖7-119                     · 圖7-120

要點 坐盤到獨立勢要穩健沉實，蹬腿長腰與刺刀要一氣貫串。頭領脊豎，氣要下沉，刺刀要有抖勁，勁貫刀刃。

### 3. 左右撩刀

①上體右轉，左腳不動，屈膝下坐，右腳下落虛點於左腳前，成右虛步；同時，右手握刀先翻腕刀向右劃一圓弧，再由下向左上方撩掃，刀柄置於頭左前方，刀刃向上，刀尖向前下方；左手稍下落仍按於身體左後方；目視刀尖，定勢面向東方（圖7-121）。

· 圖7-121

②上體右轉，右腳抬起，腳尖外擺，屈膝下坐，左腳向前虛點於右腳前，成左虛步；同時，右手握刀翻腕刀向左後下甩，劃一大弧向右前上方撩掃，刀柄置於右頭上方，刀

刃向上，刀尖向前下方；左手外展於胸前；目視刀尖前方，定勢面向東方（圖7-122）。

③兩腳不動，右手握刀下落，刀柄置於肋間，手心翻轉向上，刀刃向左，刀尖向前方；左手移向臉左前方，手心向外，指尖向上；目視刀尖，定勢面向東方（圖7-123）。

• 圖7-122

• 圖7-123

④左腳向前跨步，屈膝鬆胯，右腿蹬伸，胯、腰、身向左旋轉，裹胯合襠，成左弓步；同時，右手握刀前刺，高與胸平，刀刃向左，刀尖向前；左手向上翻轉掤架於頭左側上方，手心向左上方，指尖斜向右；目視前方，定勢面向東方（圖7-124）。

• 圖7-124

本式左右撩刀時，步隨身換，身隨步走。上步轉體，刀隨身運，圓活自然。弓步前刺，兩腿要前擠後撐，尾閭前送，夾脊後鼓，左手臂如半月形圓活掤架。

## （十四）朝天一炷香

### 1. 抱刀橫攔

兩腳不動，鬆腰沉胯；同時，右手握刀抖腕上崩，刀柄置於腹前，刀背朝裏，刀尖向上；左手下落按於右手腕上。目視刀身，定勢面向東方（圖7-125）。

· 圖7-125

要點 刀由橫轉豎，向上崩起，氣要沉，腕要抖，要恰合一致，乾淨俐落，勁貫於刀背。

### 2. 獨立下截

接上式。左腳蹬地，右腳提起屈膝前蹬，兩手仍成體前抱刀。隨即右腿屈膝收回，鬆腰沉胯，左腿屈坐，成左獨立步；同時，右手握刀自右膝外下截，刀柄置於右胯外側，刀刃向下，刀尖向前；左手向上掤架於頭左上方，手心向左上，指尖向右上方；目視刀刃下方，定勢面向東南方（圖7-126、圖7-127）。

・圖7-126 　　　　　　　　　　　・圖7-127

**要點** 本勢借崩刀之勢前蹬，流暢自然，配合緊湊。屈膝下截，左手捌架，要協調一致，下截時手腕聚緊，不可鬆懈。

## （十五）拖刀敗勢

### 1. 迴環抹刀

接上式。左腳不動，身體重心後移，右腳落地，成橫襠步；右手先下後上再前，迴環一週抹刀，按刀於身前，刀柄置於腹前，刀刃向下，刀尖向前；左手隨勢下落按於刀背之上；目視前方，定勢面側向東方（圖 7-128）。

**要點** 橫襠步兩膝要內合裹勁，襠要圓撐。抹刀要在身體後移時隨身而動，手腕要輕快靈活，支配刀的迴環。

### 2. 拖刀敗勢

接上式。上體右轉，兩腳碾地向右扣擰，成側弓步；同時，右手握刀向右後拉，刀刃向下，刀尖斜向下方；左手成勾手置於胯處；目視左後方，定勢面側向南方（圖7-129）。

· 圖7-128

· 圖7-129

## （十六）手揮琵琶

### 1. 翻身纏頭

接上式。上左步，退右步，重心移於右腿，身體自右後轉 270°，右腿屈膝下蹲，左腳收回虛點於右腳前，成左虛步；同時，右手握刀隨轉身劈刀，隨即翻腕將刀提於右肩後握刀做纏頭裹腦，刀從左肩拉下，刀柄置於腹前，刀刃向下，刀尖向前上方；左手按於刀背之上，順勢立掌向前推出；目視刀尖，定勢面向東方（圖7-130、圖7-131）。

· 圖7-130

· 圖7-131

要點 翻身先上左步，轉體後再撤右步，步隨身運，身隨步轉，劈刀、纏頭、按刀，貫穿自然，動作舒展。

### 2. 按刀前刺

接上式。右腳蹬勁，將身彈起，左腳前竄一步落地屈膝踏穩，右腳隨即上跟震腳，成併步半蹲式；右手握刀順勢前刺，刀刃向下，刀尖向前方；左手自刀背向後按於右手腕；目視前方，定勢面向東方（圖7-132）。

· 圖7-132

要點 左腳前竄，右腳震腳紮刀，身進步隨，一氣呵成。以氣催勢，緊腕沉肘，鬆腰實腹，力達刀尖。

### （十七）抱刀收勢

①接上式。身體右轉，右腳向右後方撤步，身體重心後移，右腿屈膝下坐，左腳後收虛點，成左虛步；同時，右手刀交左手，兩手右上左下分開，左手抱刀於腰胯左側方，右手挪於頭右上方，手心向外，指尖斜向左上方；目視前方，定勢面向南方（圖7-133、圖7-134）。

· 圖7-133

· 圖7-134

②兩腳不動，右手下落，左手抱刀上迎，兩手高與胸平，手心均向上。左腳後撤一步，右腳遂跟上與左腳平行站立，成開立步；同時，兩手向左右分開向上各劃半圓，置於頭前方，掌心均向下方，右手指尖向前，左手握刀，刀刃向左外，刀尖向後方；目視前方，定勢面向南方（圖7-135、圖7-136）。

③兩腿微屈膝，兩手徐徐下按，兩腿屈膝坐穩；同時，兩手按於左右胯前，兩臂下沉圓撐。兩腳緩緩蹬伸站起；兩手鬆垂於身體兩側歸於無極；目平視前方，定勢面向南方（圖7-137、圖7-138）。

· 圖7-135

· 圖7-136

· 圖7-137

· 圖7-138

要點 收勢動作要聯貫圓活，鬆穩慢勻。開立步自然站立時，全身放鬆，深呼氣，神氣歸元。

## 四 古傳武式太極十三刀概述

太極十三刀，為鼻祖武禹襄流傳之古刀法。該刀刀勢結構嚴謹，刀勢緊湊，暗合太極原理，陰陽相輔，剛柔相濟，勢法精奇，刀刀致用，充分體現出內固精神，外示安逸的太極神韻。

## 五 古傳武式太極十三刀刀式名稱

起勢：1. 按刀；2.青龍出水；3. 風捲殘花；4. 白雲蓋頂；5. 背刀；6. 迎墳鬼迷；7. 震腳提刀；8. 撥雲望日；9. 避刀敗勢；10. 霸王舉鼎；11. 朝天一炷香；12. 拖刀敗勢；13. 靈貓捕鼠；收勢。

## 六 古傳武式太極十三刀圖示

• 圖7-139 起勢（1）　• 圖7-140 起勢（2）　• 圖7-141 起勢（3）

• 圖7-142 按刀

• 圖7-143 青龍出水

• 圖7-144 風捲殘花（1）

• 圖7-145 風捲殘花（2）

• 圖7-146 風捲殘花（3）

• 圖7-147 風捲殘花（4）

・圖7-148 白雲蓋頂（1）

・圖7-149 白雲蓋頂（2）

・圖7-150 白雲蓋頂（3）

・圖7-151 背刀

・圖7-152 迎墳鬼迷（1）　　・圖7-153 迎墳鬼迷（2）

• 圖7-154 震腳提刀　　　　• 圖7-155 撥雲望日（1）

• 圖7-156 撥雲望日（2）　　• 圖7-157 避刀敗勢

• 圖7-158 霸王舉鼎　　　　• 圖7-159 朝天一炷香

• 圖7-160 拖刀敗勢

• 圖7-161 靈貓捕鼠（1）

• 圖7-162 靈貓捕鼠（2）

• 圖7-163 靈貓捕鼠（3）

• 圖7-164 收勢（1）

• 圖7-165 收勢（2）

• 圖7-166 收勢（3）

• 圖7-167 收勢（4）

• 圖7-168 收勢（5）

• 圖7-169 收勢（6）

• 圖7-170 收勢（7）

第八章

# 武式太極三十六槍

## ㊀ 武式太極三十六槍概述

武式太極三十六槍是筆者已故恩師太極名家陳固安先生，根據自己練武式太極拳、械七十多年的心得體會，在武式鼻祖武禹襄先生所創「太極十三槍」「太極四槍」及「對刺槍」的基礎上精心創編而成；是武式太極拳練習掤、捋、擠、按、採、挒、肘、靠各種勁法的器械練習，久習可增長內勁，提高功力，以及協調性、靈敏性等。從而逐步達到周身一家，以氣催身，氣力相合的發放技巧。

槍勢連續不斷，結構緊湊巧妙，技擊性強，剛中寓柔，柔中寓剛，深合太極之理。劈、崩、挑、紮、蓋、搬、攔、托，勢勢都蘊藏著精妙勁法，練之於精神，發之於外表，有其技擊與健身價值。為便於學習和理解，先師遺著槍訣一併獻出。因水準有限，欠妥之處，尚請讀者指正。

### 武式太極三十六槍歌訣

太極槍法妙無窮，擺拿合滑基本功。環抱太極槍挂地，
撤步左弓擎天勇。左右掄槍似車輪，崩槍勁沉力完整。
五花捽桿震天地，空中擲槍龍雲騰。攔膝絞槍勢法猛，
擸槍卸勢敗中勝。掄槍一圈分陰陽，順風搖旗凱歌聲。
纏搖叩紮崩槍勢，手揮琵琶在前胸。刷槍抖躍出水龍，
跐步起架拜佛誠。餓虎撲食勢慓悍，攔路虎勢令人驚。
拗步斜劈招難防，風掃梅花矯健靈。中軍出隊威凜然，
宿鳥投林鑽勁衝。塌槍敗勢誘敵法，倒步三圈顯威風。
前刺一槍迅如箭，顛步提膝攀槍能。拖槍坐撲似伏虎，
躍步提膝平刺凶。裏迎外擺把身擴，掏步閉槍跐步弓。

蓋槍崩掃勢聯貫，彈跳跨步如追風。前躍刺槍似龍形，
掏步斜刺咽喉中。拖槍跑躍折身刺，握槍盤膝疊刺崩。
太極四槍招法鮮，退步纏槍粘沾連。趾步下勢架槍刺，
提膝撥槍猿背通。裏迎外擺槍栽地，踢槍翻身若蛟龍。

掄圈坐撲撥槍勢，上步躍刺蛇出洞。五花摔擲蟒騰空，
左右腰刺肋下分。趨步砸把勢擊頂，腳下攛槍搶地龍。
轉身舉槍走弧形，回身躍刺銳難封。背槍掄掃三軍橫，
手揮琵琶刷面孔。三十六槍妙奇特，招法雄健蓋世雄。
寒暑不易習無間，人勤志堅方有成。

## ❷ 武式太極三十六槍槍式名稱

### ▌預備式

1. 弓步拖槍
2. 左右掄槍
3. 崩槍
4. 打五花摔槍
5. 空中拋槍絞槍前刺
6. 攛槍、掄槍
7. 順風搖旗
8. 纏搖、叩、崩、刷槍
9. 上擺右步琵琶勢
10. 青龍出水
11. 童子拜觀音
12. 餓虎撲食

13. 攔路虎
14. 拗步斜劈
15. 風掃梅花
16. 中軍出隊
17. 宿鳥投林
18. 塌槍敗式
19. 靈貓捕鼠
20. 倒步纏槍、前平絷槍
21. 墊步提膝前刺槍
22. 鑽槍坐盤獨立平刺
23. 裏迎外擺身絷槍
24. 蓋、崩、掃（三槍）

25. 跨步躍跳前紮槍

26. 掏步斜刺槍

27. 轉身下刺槍

28. 坐盤疊刺槍

29. 太極四槍

30. 纏槍、架槍、躍步平刺槍

31. 裏迎外擺栽槍，踢槍

　　翻身劈槍

32. 坐盤撥槍（綵女滑船）

33. 五花摔槍、擲槍、接槍回刺

34. 上步把砸、腳下攔槍

35. 轉身高舉槍，跑式回身躍平刺

36. 背槍、掄掃、手揮琵琶

# （三）武式太極三十六槍槍式圖解

## █ 預備式

　　兩腳開立與肩同寬，環抱太極，槍尖在體前拄地，頭正、身直、目視前方（圖8-1）。

　　要點 摒除雜念，呼吸自然，氣沉丹田。

## 1. 弓步拖槍

　　右腳不動，左腳後撤，成左弓步，上體向左再向右擰轉，同時，左手向下、向左、向上劃圓亮掌於頭左上方，掌心向上；右手持槍，槍尖拄

・圖8-1

地，與身體呈水平斜線；目視槍尖（圖8-2、圖8-3）。

　　要點 撤左步，左手亮掌，與擺頭轉體要協調一致。右胯下沉，身體中正。

· 圖8-2                    · 圖8-3

## 2. 左右掄槍

　　向右轉體，兩腳碾地，左腳上步虛點於右腳前；同時，右手持槍自身體左、右側由前向後劃圓掄掃，槍頭自後向前落於身體前下方，左手向下握住槍把；目視槍頭（圖8-4—圖8-6）。

　　要點 掄槍與上步要聯貫自然，手、眼、身、步與槍頭下落協調一致。

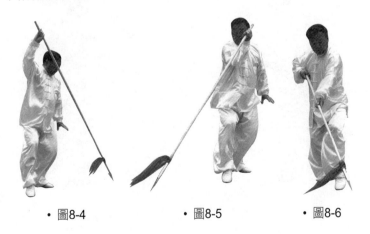

· 圖8-4              · 圖8-5              · 圖8-6

### 3. 崩槍

上動不停，右腿實，左腿虛，屈膝坐腰；同時，左手在前，右手在後握槍，槍頭在前上方崩槍；目視槍頭（圖8-7）。

要點 坐腰與崩槍要一致，氣沉丹田，力由脊發，力達槍尖。

### 4. 打五花摔槍

(1) 上動不停，左腳落實，右腳上步，左腳再跟進一步，上體右轉180°；同時，兩手握槍自左向右，自前向後在身體兩側舞立圓，置於左肩上方；目視前方（圖8-8、圖8-9）。

· 圖8-7

· 圖8-8

· 圖8-9

 圖8-10　　　　　　　　　　• 圖8-11

　　(2) 上動不停，身體繼續左轉，左腳蹬地跳起，右腳跳落地面，而後左腿向右腿前方跳落成左仆步；同時，兩手握槍，由上向下劈摔，槍平置於地面上；目視槍尖（圖8-10、圖8-11）。

　　要點 五花摔槍與轉體要協調一致。蹬地跳起，仆步劈槍，要緊湊聯貫，以氣催身，以身催槍，力達槍桿。

### 5. 空中拋槍絞槍前刺

　　重心前移成左弓步；左手鬆開槍，右手滑向槍把向上拋槍。旋即右手接槍身前段，左手隨握槍身中段抬右膝，由右向左絞槍前刺，成右弓步；眼隨槍勢，目視槍尖（圖8-12—圖8-14）。

　　要點 拋槍要運用腕力，乾淨俐落，絞槍前刺與提右膝配合協調，沉實穩定。

· 圖8-12

· 圖8-13

· 圖8-14

### 6. 攛槍、搯槍

(1) 左腳不動，右腳向身後退一步，身體右轉180°；同時，右手抓槍前段向前攛絮後撒把，左手順槍勢向後滑把，右手順勢接槍後把，成右弓步拖槍式（敗式）；頭向後轉，目視槍尖（圖8-15）。

(2) 兩腳不動，兩手持槍向左外搬攔後翻把向下採挒，腰下塌，成丁八步；目視槍尖（圖8-16）。

(3) 右腳蹬地，身體重心前移成左弓步；同時，兩手持槍把前絮；目視槍尖（圖8-17）。

· 圖8-15

· 圖8-16

· 圖8-17

要點 換把、叩槍、前紮要聯貫自然。往復轉折，以腰
為軸，催動槍勢。

### 7. 順風搖旗

左腳追右腳擠步，抬右腳向右轉體360°；同時，兩手握槍自左向右掄掃一圈半，豎槍置於右側，槍尖朝上方；眼隨槍轉，目視身體左前方（圖8-18—圖8-20）。

要點 掄槍要以腰帶槍，槍展開要圓滿。豎槍要合胯坐腰沉氣，身正勢威，氣勢鼓蕩。

・圖8-18

・圖8-19

• 圖8-20

## 8. 纏搖、叩、崩、刷槍

(1) 右腿自左腿後向左插步，接著左腿向左前跟進一步成左虛步；同時，兩手握槍自左向上撥槍，再由上向下叩砸槍，槍尖朝下；目視槍尖（圖8-21、圖8-22）。

• 圖8-21　　　　　　　　• 圖8-22

(2) 上動不停，右腳不動，向上長身抬左腿；同時，兩手握槍上崩，槍尖朝上；目視槍尖（圖8-23）。

　　(3) 右腳不動，左腳前落，右腳隨即跟進虛點於左腳跟處；同時，兩手握槍，自上向下、向前下方刷紮；目視槍尖（圖8-24）。

・圖8-23　　　　　　　　・圖8-24

　　要點　纏搖、叩、砸、崩、刷要一氣呵成，以意催氣，以氣催身，以身催槍，虛實清楚，勁達槍尖。

### 9. 上擺右步琵琶勢

　　左腳不動，右腳向左腳前蓋步，腳尖外擺，成坐盤步；同時，兩手握槍自左下向上扳起，槍左上右下斜置於胸前，槍尖朝左上方；目視前方（圖8-25）。

・圖8-25

武式太極拳 拳械彙編

坐盤步抱槍，要安舒自然，支撐八面，有靜中欲動之勢。

### 10. 青龍出水

(1) 右腳不動蹬地長身，左腳向前一步，虛點於右腳前；同時，兩手握槍自上向前下點紮，槍置於身前，槍尖朝前下方；目視槍尖（圖8-26）。

(2) 左腳蹬地，右腳向前躍步，左腳旋即跟上落於右腳前方；同時，兩手握槍，由左向內抖槍，自腰間向前挺刺成左弓步，槍平置於身前；目視槍尖（圖8-27—圖8-29）。

• 圖8-26

• 圖8-27

• 圖8-28

・圖8-29

要點 蹬地、長腰、抖槍、弓步前紮，要協調一致，氣向下沉，內力達於槍尖。

### 11. 童子拜觀音

(1) 左腳不動，右腳向身體右側趾步成右仆步；同時，兩手握槍隨身動向右下方掃擊，左手手心向上握槍中段，右手手心向右外握槍把；目視右方（圖8-30、圖8-31）。

・圖8-30

・圖8-31

(2) 左腳蹬地抬起，右膝挺直，身體重心移於右腿，成右獨立勢；同時，兩手握槍向上托架，槍平置於頭右上方，槍尖朝前方；目視槍尖（圖8-32）。

・圖8-32

要點 獨立勢要穩健。由仆步向上架槍要整身而起，不能偏倚。

## 12. 餓虎撲食

右腳蹬地，左腳向前跨跳一步，右腳隨即跟上，腳尖點於左腳跟處；同時，兩手握槍，向左右掛槍，槍頭向前下劈紮，

槍置於身前，槍尖朝前下方；目視槍尖（圖8-33、圖8-34）。

　　要點　跨跳、劈紮要協調一致。坐腰沉氣，束肋擎脊，使內力達於槍尖。

・圖8-33

・圖8-34

### 13. 攔路虎

　　左腳蹬地，右腳向右前方跨步，成右弓步；同時，兩手握槍向右上扳槍，槍斜置於身體右側方。左手手心朝上，右手手心朝下；目視槍尖（圖8-35、圖8-36）。

· 圖8-35 · 圖8-36

要點 蹬地、擰腰、身體向上彈起，勁貫兩膊透於槍桿，此式練習上掤之勁。

### 14. 拗步斜劈

左腳不動，右腳自左腳後向左插一步，上體微右轉，兩腿成交叉步；同時，兩手持槍自左向右甩槍頭探紮，左手手心朝下，右手手心上擰裹於左腋下，槍頭甩置於右前上方；目視槍尖（圖8-37、8-38）。

· 圖8-37　　· 圖8-38

要點 拗步、紮槍要協調一致，順達自然。斜劈紮槍，手把要活，槍尖迴環自如、靈活多變。

### 15. 風掃梅花

左腳向前虛點於右腳前成左虛步；同時，右手握槍上提，左手向下滑把掃格，兩胸擴展，槍頭甩向左下方；目視前方（圖8-39）。

要點 滑把掃路，要以意領氣，胸間要有圓活擴展之意；支配兩手的動作，步法、身法、槍勢要協調一致。

### 16. 中軍出隊

左腳不動，右腿屈膝鬆腰下沉；同時，兩手向上崩槍，槍頭向上擎起，左手在上，手心向右，右手在下，手心向左，槍直豎於身體左側；目視前方（圖8-40）。

要點 屈坐崩槍上舉，右實左虛要分明，要中正安舒、凝神斂氣，有欲動之勢。

・圖8-39

・圖8-40

### 17. 宿鳥投林

右腳蹬地，左腳抬起向前竄躍一步，整身而起，接著右腳向前跟進一步；同時，兩手握槍由上向前蓋劈，兩手心均向下，槍平置胸前，槍尖朝向前方；目視槍尖（圖8-41）。

• 圖8-41

要點 向前竄躍，要整身而起（雀躍），槍如離弦之箭向下蓋劈，貫穿一氣。

### 18. 塌槍敗式

身體右轉，左腳不動，右腳向身後退步成右弓步；同時，兩手握槍向外抖腕擰槍，腰微向左轉，胯向右擰，成反挣力，槍身斜置身前，槍頭朝左下方；目視槍尖（圖8-42、圖8-43）。

要點 塌槍時要以腰胯之勁帶槍，氣要把定，凝神待動。

・圖8-42                        ・圖8-43

### 19. 靈貓捕鼠

左腳蹬地向右碰右腳跟，右腳向右跨一步，落地後向左轉身，左腳向前，右腳尖點於左腳跟處；同時，兩手握槍先向外撥再向內扣下紮，槍尖朝前下方；目視槍尖（圖8-44、圖8-45）。

要點 向右趨步與轉身撥槍要協調一致，一氣呵成。撥槍虛實無定，靈活致巧。

・圖8-44

· 圖8-45

## 20. 倒步纏槍、前平紮槍

左腳不動，右腳自左腳後向左插步成交叉步，隨即左腳向左橫移一步，右腳再向左腳後插步，左腳再向左橫移一步，右腳站穩後左腳向前一步成左弓步；同時，兩手握槍隨身動自左向右先大後小纏搖三圈後，向前平紮槍，槍平置於身前，槍尖朝正前方；目視槍尖（圖8-46—圖8-49）。

· 圖8-46　　　　　· 圖8-47

要點 倒步與纏槍要協調自然。纏槍時左手把要松，右手手腕要圓活，意貫槍頭，虛實無定。

• 圖8-48

• 圖8-49

## 21. 墊步提膝前刺槍

左腳蹬地前跳，接著右腳向前一步，而後左腳再向前一步，仍成半馬步；同時，兩手握槍自左向右纏叩槍前刺，槍置於身前；目視前方（圖8-50—圖8-52）。

・圖8-50

・圖8-51

・圖8-52

要點 纏叩槍時，以腰帶槍，鬆腰沉胯，刺槍時以內摧外而出。

## 22. 鑽槍坐盤獨立平刺

(1) 右腳向右稍移，上體右轉，左腳尖右擰，重心右移，成右弓步；同時，兩手握槍向外翻把擰槍，左臂外轉手心向上，右臂內轉手心向前，槍斜置於胸前，槍尖朝腳前下方；目視槍尖（圖8-53）。

(2) 左腳向右擠步碰右腳跟，隨即右腳抬起向右一步，

身體自左向右擰轉180°成坐盤步；同時，左手撒把，右手握槍自頭頂上方隨身體擰轉落置於右胸前，左手隨勢動立掌置於槍把後端，槍尖向身體右方；目視槍尖（圖8-54）。

· 圖8-53　　　　　　　　　　· 圖8-54

(3) 上動不停，左腳蹬地，右腳隨即向前跨跳一步，左膝抬起成獨立勢；同時，右手握槍挺腕前刺，左手向頭左上方亮掌；手心向外，槍尖朝右前方；目視槍尖（圖8-55）。

要點 鑽槍與坐盤要協調一致，獨立平刺雀躍而起，周身一家，力達槍尖。

· 圖8-55

### 23. 裹迎外擺身紮槍

(1) 接上式，左腳向右一步，右腳再向前一步，隨即腳尖外擺，身體右後轉180°，左腳隨轉體抬起落於右腳前，成左虛步；同時，右手握槍，槍頭向前自左後向前劃圓，再經右後向前劃圓不停，左手隨勢動接槍中段，槍隨轉身向身後方崩起；左手手心向上托握槍把，右手臂轉撑，手心向右抓握槍把，槍斜置於身前左側，槍尖朝前下方；目視槍尖（圖8-56—圖8-58）。

• 圖8-56

• 圖8-57　　　• 圖8-58

(2) 左腳向前一步，成左弓步；同時，兩手握槍隨身動叩槍前紮；目視槍尖（圖8-59、圖8-60）。

要點 轉身與裏迎外擺槍要聯貫自然，要有撥開對方左右技擊之意。

叩槍時腰向右擰沉胯，紮槍要平、穩、疾。

· 圖8-59

· 圖8-60

## 24. 蓋、崩、掃（三槍）

(1) 右腳向左腳後插步，身體右轉90°，隨即左腳向左跳步成右弓步；

同時，兩手握槍自身體左側由下至上劃一大圓向下蓋壓，旋即鬆腰、鼓脊、緊胯、槍頭向上崩起，左手在上，右手在下，兩手手心相向，槍尖朝身體前上方；目視前方（圖8-61、圖8-62）。

(2) 上動不停，身體左轉90°，左腳向右腳前斜上一步，成交叉步；

同時，兩手握槍自上向下掃撥，左手在下，右手在上，槍頭置於身體左側下方；目視槍尖（圖8-63）。

要點 蓋崩掃，是連續攻擊之槍法。要步隨身換，上下相隨，聯貫緊湊，要有鬆活、冷彈、抖發之意。

· 圖8-61　　　　· 圖8-62

• 圖8-63

### 25. 跨步躍跳前紮槍

左腳蹬地，右腳向前小跳一步，接著左腳再向前一步成左弓步；同時，兩手握槍槍頭自左向右抖槍花前紮（還可連續跨步前紮），槍平置身前，槍尖朝前方；目視槍尖（圖8-64、圖8-65）。

要點 弓步與前紮槍要協調一致，要以腰催動槍勢，抖叩、前紮。

• 圖8-64

・圖8-65

## 26. 掏步斜刺槍

身體向右轉，右腳向左腳後掏倒一步屈膝成坐盤步；同時，兩手握槍自左下方甩起槍頭向右上方疊刺，左手在前握槍中段，手心向下，右手握槍把，手心向上置於左腋下，槍尖指向右前上方；目視槍尖（圖8-66、圖8-67）。

要點 掏步與斜刺、坐盤疊腰要一氣呵成，協調自然。右手運槍要活，左手握槍要鬆，槍頭聲東擊西，抖然彈起。

・圖8-66

• 圖8-67

### 27. 轉身下刺槍

(1) 上體右轉，左腳不動，右腳向右後跨步成右弓步；同時，兩手握槍自右上方向左下方搬槍，左手握槍，腰向外旋擰，手心向上，右手上提外翻，手心向外，槍斜置於身前，槍尖朝後下方，頭向左後方扭；目視槍尖（圖8-68）。

(2) 兩腳向前行步，右腳抬起，左腳彈跳步抬左膝，身

• 圖8-68                                        • 圖8-69

體左轉，疊腰擰胯；同時，兩手握槍隨身動持槍向身後下紮，槍斜置身前，槍尖朝身後下方；目視槍尖（圖8-69）。

要點 擰槍時左胯要向內扣擰，要與扭頭協調一致。提膝、轉腰下刺，要沉實穩定，動作聯貫。

### 28. 坐盤疊刺槍

上動不停，落左腳，右腿屈膝，成坐盤步。同時，兩手握槍，隨身動向下壓、前紮，槍平置身前。目視槍尖（圖8-70）。

要點 坐盤刺槍要協調一致。周身一家，上體端正，神貫頭頂，力達槍尖。

· 圖8-70

### 29. 太極四槍（前刺心窩，左刺膀尖，下刺腳面，上刺咽喉）

(1) 左腳上前一步，右腳跟進成併步；同時，兩手握槍向前平刺；目視槍尖（圖8-71）。

· 圖8-71

· 圖8-72

(2) 左腳不動，右腳向右前斜方跨一步成右弓步；同時，兩手握槍劃弧線向右前方刺，槍置於身體右側上方，槍尖向正前方；目視槍尖（圖8-72）。

(3) 左腳向正前方上一步成左弓步；同時，兩手握槍向前下方刺，槍尖向身體前下方；目視槍尖（圖8-73）。

(4) 左腳不動，右腳上前一步與左腳併步；同時，兩手握槍自下提起再向前上方刺；目視槍尖（圖8-74）。

• 圖8-73

• 圖8-74

要點 太極四槍是武禹襄先生傳留的精妙技法，槍勢意上寓下，步動身隨，上、下、左、右不離要害，意氣貫穿，一氣呵成。

### 30. 纏槍、架槍、躍步平刺槍

(1) 先退右步再退左步，隨即震右腳出左步成左弓步；同時，兩手握槍隨退步纏搖叩槍向前紮刺，槍尖朝正前方；目隨勢運，目視槍尖（圖8-75—圖8-79）。

• 圖8-75

• 圖8-76

• 圖8-77

· 圖8-78

· 圖8-79

(2) 身體向右擰成馬步，同時雙手向外擰槍。緊接著左腿提起，向前落步砸槍，雙腿仍成馬步狀。隨即後腿蹬伸，雙手持槍，弓步前刺（圖8-80—圖8-83）。

· 圖8-80

• 圖8-81

• 圖8-82

• 圖8-83

(3) 左腿屈膝，右腳提起向右下勢即起，左腳上提成右獨立勢；同時，兩手握槍槍頭自下向上扳起，托架於頭右方。緊接著左腳落地，身體向左擰轉180°，成坐盤步；同時，兩手握槍左手在前、右手在後收擰於左胸前，槍尖朝右前方。目視槍尖（圖8-84—圖8-87）。

• 圖8-84

• 圖8-85

• 圖8-86

• 圖8-87

(4) 右腳向前跨一步，左膝抬起，成右獨立勢；同時，右手握槍前刺，左手向後立掌展開；目視槍尖（圖8-88）。

要點 纏槍、架槍要伸縮自如，右手槍前刺與左手展開要一致，出槍時要蹬腿、長腰、舒臂抖腕、節節貫穿、力達槍尖。

・圖8-88

### 31. 裏迎外擺栽槍，踢槍翻身劈槍

(1) 左腳向右前方落地，接著右腳稍抬即落，膝曲蓄，左腳隨即再向前一步，虛點於右腳前成左虛步；

同時，兩手握槍自身體左側，槍頭向下、向上、向前甩起，再向身體右側向下、向前、向上劃立圓，槍頭落置於頭右後上方，左手隨勢動按於胯左側方；目視前方（圖8-89、圖8-90）。

・圖8-89

・圖8-90

(2) 上動不停，槍頭向前甩落於身體前方。左腳向上踢槍頭，落地後腳尖向右後扣擰，身體向右轉180°，右腳隨轉體提起落於左腳後成開立步；同時，右手握槍隨身體轉動從上自身體右側劃圓向前下劈落，左手隨勢迎槍，槍腰置於左手腕上，槍尖朝前下方；目視槍尖（圖8-91、圖8-92）。

要點 裏迎外擺槍要以腰為軸帶槍，身槍合一，活潑無拘，鬆肩活腕，協調自然。翻身與劈槍要一致。

• 圖8-91

• 圖8-92

## 32. 坐盤撥槍（綵女滑船）

(1) 左腳向前落實，接著右腳向前一步，腳尖內扣，身體向左轉180°，左腳自右腳後背步，向左擰轉成開立步；同時，右手握槍隨身轉掄掃一圈，左手接槍中段，槍頭甩向右側後，槍斜置於身前；兩手持槍成左上右下交叉狀；目視槍尖（圖8-93—圖8-96）。

· 圖8-93

· 圖8-94

· 圖8-95

· 圖8-96

(2) 右腳向左膝前跨步，屈膝成坐盤步，緊接著左腳向前上步，虛點於右腳前，成左虛步；同時，兩手握槍自右向左劃圓甩頭，向左下方撥，左手在下，右手在上，兩手滑把展開；頭向左擺，目視槍尖（圖8-97、圖8-98）。

要點 掄槍坐盤協調自然，撥槍時右手上提，左手下拉把要鬆活。

• 圖8-97

• 圖8-98

## 33. 五花摔槍、擲槍、接槍回刺

(1) 左腳向前一步，右腿屈膝沉胯，成馬步；同時，兩手握槍隨身動叩槍，槍頭自左向內劃一小圓；目視槍尖（圖 8-99）。

• 圖8-99

・圖8-100

(2) 重心前移成左弓步；同時，兩手握槍前刺；目視槍尖（圖8-100）。

(3) 先上右腳，再上左腳向右後蓋步，左腳內扣，上體順勢旋轉360°，轉體後右腳抬起，左腳隨即蹬地向前撲跳，成左仆步；同時，兩手握槍，右手向前滑把，在身體兩側先左後右劃圓，隨著撲跳向下捧槍，槍置於身前地下，槍尖朝前方；目視槍尖（圖8-101—圖8-104）。

・圖8-101　　　　　　　・圖8-102

・ 圖8-103　　　　　　　　　　　・ 圖8-104

(4)右腿蹬伸，左膝弓，身體長起，右膝隨即抬起；同時，右手握槍後把上扔使槍頭倒轉，右手隨接槍頭，左手接槍腰向右後下方刺。再抽槍換把，左手抓槍頭，右手抓槍腰，抬左膝向左後下方刺；目視槍尖（圖8-105－圖8-108）。

・ 圖8-105　　　　　　　　　　　・ 圖8-106

・圖8-107　　　　　　　　・圖8-108

要點 弓步刺槍、五花捧槍要連接緊湊，左右回刺以腰帶臂，挺膝下刺要協調一致，力達槍尖。

## 34. 上步把砸、腳下攔槍

(1) 左腳落地，身體左後轉90°，右腳隨即上一步，屈膝下蹲成馬步；同時，兩手握槍用槍後把向右前砸擊；目視槍把（圖8-109）。

・圖8-109

(2) 左腿抬起，以右腳為軸身體向左後轉動180°，左腳落地，右腳接著向前一步，上體繼續向左後轉動180°，成右弓步；同時，兩手握槍，槍頭自左腳下攛出前紮，隨即左手撒把隨槍前紮之勢向後展出，立掌，手心向後；目視槍尖（圖8-110、圖8-111）。

要點 砸把轉身腳下攛槍與弓步前刺要一氣呵成，協調一致。以腰為軸，以身帶槍，身槍合一，聯貫圓活。

· 圖8-110

· 圖8-111

### 35. 轉身高舉槍，跑式回身躍平刺

(1) 以右腳跟為軸，身體左後轉180°，左腳收點於右腳旁，兩膝均屈蓄；同時，左手收回立掌護胸，右手握槍置於右肩上，槍尖朝向後方；目視前方（圖8-112）。

• 圖8-112

(2) 左膝抬起成獨立勢；同時，兩臂展開，右手握槍置於身體右前方，左手在身體左側成勾手狀，高與耳平，槍尖朝向後方；目視前方（圖8-113）。

• 圖8-113

（3）向前弧形跑動幾步，然後向右回身，右腳虛點於左腳旁，成右丁虛步，隨即抬右腳，向前跳躍一步，左腿蹬伸，成右弓步式；同時，隨轉身左手收回護於右手旁，再隨右手展開如前，右手握槍向前平刺，槍尖朝前方；目視槍尖（圖8-114、圖8-115）。

要點 此乃誘敵之法，含敗中取勝之意。舉槍兩臂動作要舒展，轉身刺槍前要蓄勁，抖腕前刺要勁貫槍尖、力由脊發、心意合一。

・圖8-114

・圖8-115

### 36. 背槍、掄掃、手揮琵琶

(1) 上左步，虛點於右腳前成左虛步；同時，槍自前向後下方甩頭，右手握槍把上提置於頭右上側，左手隨槍勢接槍中段置於身體左後方，槍斜背於身後，槍尖朝下；目視前方（圖8-116）。

・圖8-116

(2) 右腳向前一步，兩腿呈交叉狀；同時，兩手握槍由頭上方自左向右掄掃兩圈後，槍頭向左上方崩起，槍頭朝上斜置於身前；目視前方（圖8-117、圖8-118）。

・圖8-117

・圖8-118

(3) 右腳踏穩不動，左腳向右腳處併步；同時，右手握槍前送，左手向左立掌展開，手心向外，槍尖朝上，槍身直豎置於身前；目視前方（圖8-119）。

(4) 右腳向後退一步，左腳跟著退一步，成併步站立；同時，右手握槍交與左手，左手握槍屈臂回收，槍直豎於左側身前。右手自身體右側由下往前上經胸前下按，手心向下置於身體右側方，合太極勢；目視前方（圖8-120—圖8-123）。

• 圖8-119　　　　• 圖8-120　　　　• 圖8-121

• 圖8-122　　　　• 圖8-123

要點 背槍上步掄掃要圓活聯貫，向上崩槍時要鬆腰沉胯，實腹斂氣，精神貫注。合太極勢要鬆穩慢勻，屈膝站起與右手的下按呼氣要協調一致，全身放鬆，自然站立，神氣歸元。

## 四 武式太極傳統十三槍（桿）概述

武式太極十三桿，亦稱十三槍（或大桿、大槍），蘊桿可比槍之意。

本門習練之十三桿係鼻祖武禹襄所創，傳承至今。此桿由十三個勢法名稱組合而成，暗寓太極十三勢：掤、捋、擠、按、採、挒、肘、靠、進、退、顧、盼、定。

在太極拳習藝過程中，可透過習練大桿，增長內勁和對太極拳藝各種勁別的理解，提高功力以及身體的協調性、靈敏性，從而逐步掌握周身一家，以氣催身，氣力相合的發放技巧。

它是太極拳練習力量素質及其有效的途徑和方法。

演練時如持短槍，進槍時可用盤、撲、獨立、跟擠等步法，如持丈長大桿，可不用跟擠步，每勢拿穩樁步，以求力猛勢沉，練藝練勁，意中求勁，避免虛浮之病。

## 五 武式太極傳統十三槍（桿）槍式名稱

1.崩一桿；　2.青龍出水；　3.童子拜觀音；　4.餓虎撲食；　5.攔路虎；　6.拗步；　7.斜劈；　8.風掃梅花；9.中軍出隊；　10.宿鳥歸巢；　11.拖槍敗勢；　12.靈貓捕鼠；　13.手揮琵琶

# （六）武式太極傳統十三槍（桿）圖示

• 預備式

• 1 崩一桿

• 2 青龍出水

・3 童子拜觀音（一）

・3 童子拜觀音（二）

・3 童子拜觀音（三）

· 4 餓虎撲食（一）　　· 4 餓虎撲食（二）

· 4 餓虎撲食（三）

· 5 攔路虎（一）

・5 攔路虎（二）

・6 拗步

・7 斜劈

・8 風掃梅花

• 9 中軍出隊

• 10 宿鳥歸巢

• 11 拖槍敗勢（二）

· 11 拖搶敗勢（三）

· 12 靈貓捕鼠（一）

· 12 靈貓捕鼠（二）

• 13 手揮琵琶

• 收勢還原（一）

• 收勢還原（二）

• 圖收勢還原（三）

# 第九章

# 武式太極劍
# 五十五式

# 一 武式太極劍五十五式概述

武式太極劍是武式太極拳門派的傳統器械，相傳為武禹襄所創，融擊、刺、格、洗、抽、帶、提、點、崩、劈、截、攪、壓十三勢為一體，所以又名「太極十三勢劍」。

先師陳固安根據時代需求，結合本人體會，對劍式組合、動作要領、演練技巧，都做了不少改進，使其形式更加完美，內涵更為豐富，演練起來圓活蘊藉，連綿不斷，舒展灑脫，輕靈敏捷。運用時則因敵變化，不拘成法，以靜伺動，以逸待勞，順人之勢，避實擊虛，因此深受人們喜愛。

我自幼跟陳老師學拳，習此劍多年，也積累了一些知識。今將這一傳統劍法整理出來，供讀者研究學習，因水準有限，不妥處，尚請讀者指正。

# 二 武式太極劍五十五式劍式名稱

1. 預備式
2. 仙人指路
3. 三環套月
4. 大魁星
5. 燕子抄水
6. 左右攔掃
7. 小魁星
8. 靈貓捕鼠
9. 蜻蜓點水
10. 鳳凰抬頭
11. 黃蜂入洞

12. 鳳凰展翅
13. 小魁星
14. 鳳凰單展翅
15. 等魚式
16. 龍行式
17. 抱月式
18. 青龍顯爪
19. 烏龍擺尾
20. 青龍出水
21. 風捲荷葉
22. 左、右獅子搖頭

23.虎抱頭
24.野馬跳澗
25.盜馬式
26.青龍顯爪
27.迎風撣塵
28.霸王提鞭
29.順水推舟
30.力劈華山
31.天馬飛報
32.挑簾式
33.左、右車輪
34.燕子銜泥
35.大鵬展翅
36.海底撈月
37.宿鳥投林
38.夜叉探海
39.犀牛望月

40.射雁式
41.童子拜觀音
42.鳳凰展翅
43.左右挎籃式
44.射雁式
45.白猿獻果
46.左、右散花式
47.玉女穿梭
48.猛虎擺尾
49.虎抱頭
50.魚跳龍門
51.烏龍絞柱
52.朝天一炷香
53.風掃梅花
54.牙笏式
55.抱元歸一

**三 武式太極劍五十五式劍式圖解**

### 1. 預備式

面向正南方,摒除雜念,氣斂神凝,周身放鬆,兩腳自然併立;左臂微屈稍向身前,左手拇指在上,食指在下,中指在後,把定護手,劍尖向上,劍刃朝前,劍身稍離臂膀直豎向上;右手自然下垂;兩眼平視前方,有欲動之勢(圖9-1)。

**要點** 懸頂、微收下頦，身體保持自然中正，肩臂自然鬆沉，劍刃不要觸及身體，摒除雜念，精力集中，氣舒神暢，氣納丹田。

・圖 9-1

### 2. 仙人指路

(1) 接前式。身體自然向下屈蹲，先上右步，再上左腳虛點於右腳前；同時兩手向外、向前劃圓掤抱於胸前，右手掐劍指，左手握劍斜置於左臂之上，劍尖斜指向左後方；目視前方（圖 9-2—圖 9-4）。

・圖 9-2　　　　　・圖 9-3　　　　　・圖 9-4

(2) 左腳尖略外擺落實，隨即上右腳落於左腳旁成併步站立；同時右手劍指經胸前劃弧自耳後向前指出；左手持劍手腕向後再向前劃一小圓後翻轉，左手反握劍柄，劍尖向上，劍身直豎緊貼於前臂後；目視前方（圖 9-5—圖 9-7）。

**要點** 上步與兩手舉抱要協調一致，上體中正安舒，兩肩鬆沉，肘有下墜之意，接劍自然，勿停滯。

· 圖 9-5　　　　· 圖 9-6　　　　· 圖 9-7

### 3. 三環套月

（1）身體微向左轉，右腳貼地向右蹬擦後屈蹲下沉，左腳隨之虛點於右腳旁；同時左手持劍自左向右劃圓停於胸前；右手劍指自胸前向右上劃圓置於頭前上方；目視左前方（圖9-8）。

（2）接上式。先向左轉體，左腳向左前上步，成左弓步；同時左手持劍向下經左膝摟至左膝外側，劍尖向上，劍身豎直置於左臂後側；右手劍指走弧線向正前方指出，掌心向下；目視前方（圖9-9）。

· 圖 9-8　　　　　　· 圖 9-9

（3）右腳抬起，向前下有蹬踏之意；同時右手劍指翻轉向後劃弧捧抱；左手持劍自右手上方向前穿出。隨即右腳落地，左腳向前，成左弓步；右手劍指置於左手旁；面向東，目視前方（圖9-10—圖9-13）。

· 圖 9-10 　　　　· 圖 9-11

· 圖 9-12 　　　　· 圖 9-13

要點　兩臂運作，要圓活自然，丁步、弓步、踩步上體正直，不可低頭拱背，貓腰凸臀，要目隨勢運。

### 4. 大魁星

(1) 左腳踏實不動，右腳向前虛點於左腳跟處；同時右手接劍向前下點劈，劍尖斜指前上方；面向東，目視劍尖（圖 9-14）。

(2) 右腳向後擦步下勢，體向右轉；同時右手持劍隨身動向右後斜劈，隨即由下向上沉腕崩劍；左手劍指隨劍勢劃弧線按於右手腕部；面向西，目視劍尖（圖 8-15、圖 8-16）。

· 圖 9-14

(3) 右腳掌碾地，身體向左後轉，左腿屈膝抬起，腳尖自然下垂；右手持劍上舉至額上方，劍身豎平，劍尖向正前方；左手劍訣由左胸向前指出；眼隨劍動，平視前方（圖 9-17）。

· 圖 9-15

· 圖 9-16

· 圖 9-17

**要點** 點劍順達自然，意至劍尖，下勢削劍與轉腰一致，以腰帶臂，協調一致，獨立勢膝關節微屈鬆沉，不可僵挺。

### 5. 燕子抄水

身體略下蹲，左腳向左前方上一步成左弓步；同時右手持劍下落後手心朝上將劍朝左前上方削去；左手劍指隨右手劍勢自右下向左上劃弧，屈臂，手心外翻，置於左前上方；面向東北，目視前方（圖9-18—圖9-20）。

· 圖 9-18

**要點** 向前上撩削劍轉弓步時，劍勢步法協調一致，上體不要前傾和突臀。

· 圖 9-19

· 圖 9-20

### 6. 左右攔掃

(1) 左腳尖略外擺，重心前移落於左腿之上，右腳隨即跟上虛點於左腳旁；同時，身體左轉，右手持劍屈臂劃弧停於左肩前上方，手心向內，劍尖向上；左手劍指落於右腕旁；面向東北，目視劍尖（圖 9-21）。

(2) 右腳向右前跨步成右弓步，左腿蹬沉；同時，右手持劍翻腕，向前平推掃出；左手劍指按於右手腕旁隨右手向前推出，手心向下；面向東，目視前方（圖 9-22）。

· 圖 9-21　　　　　　· 圖 9-22

· 圖 9-23　　　　　　· 圖 9-24

（3）左腳上步，停於右腳旁，旋即向前跨出一步成左弓步；同時，身體左轉 90°，右手持劍由右向左劃一大弧，自身體右側腰部向前平推掃出；左手劍指隨劍勢由右下經左向上屈臂，手心外翻置於前左上方；面向東，眼隨劍向前方看去（圖 9-23、圖 9-24）。

要點 步隨身換，身劍合一。身體左、右轉動與兩臂動作協調一致，勁貫劍之外刃。

### 7. 小魁星

身體左轉，右腳上步虛點於左腳旁，隨即右腳向右前邁步，身體右轉，左腳跟上虛點於右腳前方；同時，右手持劍隨身動先向右上，再向右下劃圓後向左上提起拉割，劍尖斜向前下方；左劍指隨劍動落於右腕裡側；面向東，眼神隨劍前看（圖 9-25、圖 9-26）。

要點 劍由後向前上方繞環與身體轉換一致；向前撩劍要與邁左步協調一致，整個動作聯貫圓活。

· 圖 9-25　　　　　· 圖 9-26

## 8. 靈貓捕鼠

身體向左後擰轉，左腳向左後蹬擦成左弓步；同時，右手持劍隨轉體向下方刺出；左手劍指隨劍勢向左上方屈臂翻腕，置於左前上方；眼隨劍勢前看（圖9-27、圖9-28）。

要點　轉身弓步前刺要協調一致。

・圖 9-27　　　　　　　　　・圖 9-28

## 9. 蜻蜓點水

(1) 左腿屈蹲，右腿提膝，膝關節微向外展，腳尖微向內扣護左膝；同時，右手以食指、拇指平扣劍柄，其餘手指鬆握，沉腕向上崩劍，劍柄置於腹前，劍尖斜向前上方；左手劍指下落置於右腕之上；眼視劍尖（圖9-29）。

(2) 右腳向前跨跳一步，左腳隨後點於右腳旁；同時，右手持劍向前下方點刺；左手劍指置於右腕旁；目視劍尖（圖9-30）。

· 圖 9-29　　　　　　· 圖 9-30

(3) 右腿屈蹲，左腳抬起，膝蓋稍向身體左側，腳尖微扣護右膝；同時，右手持劍，向上崩起劍尖；左手劍指隨勢置於右腕旁；目視劍尖（圖 9-31）。

(4) 接上勢。左腳向前跨跳一步，右腳隨後點於左腳旁；同時，右手持劍向前下方點刺；左手劍指隨勢置於右腕旁；面向西北，目視劍尖（圖 9-32）。

(5) 接上勢。右腳蹬地向前小跳，左腳騰空過步，成右

· 圖 9-31　　　　　　· 圖 9-32

弓步；同時，右手持劍向上崩起後向前下方刺出，左劍指向左上方展開；面向西北，目視劍尖前方（圖 9-33—圖 9-36）。

要點 提膝與崩劍要協調一致，提膝膝部不得低於腰部，上步、丁步、點劍要協調一致。

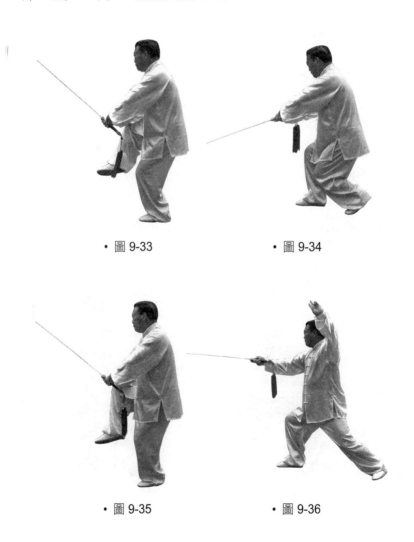

· 圖 9-33

· 圖 9-34

· 圖 9-35

· 圖 9-36

### 10. 鳳凰抬頭

(1) 左腳外擺，右腳尖裡扣，向左轉體閃身成左半弓步；同時，右手持劍向左側胸前旋撐，劍刃向左斜捋抹，劍尖平指前方；左劍指隨劍勢合於右腕旁；目視劍尖前方（圖9-37）。

· 圖 9-37

(2) 上動不停。右腳提起虛點於左腳旁，旋即向右後擦步，左腳虛點於右腳旁，身體隨腳動向右轉；同時，右手持劍自下向右上撩削；左手劍指隨動置於右腕旁；面向西，目視劍尖（圖 9-38、圖 9-39）。

要點 左、右轉換上抬劍時，要平穩，上體不得晃動。動作以身帶臂，圓活自然。

· 圖 9-38

· 圖 9-39

## 11. 黃蜂入洞

接上式，左腳上前一步，左劍指同時向前指出，隨即右腳抬起停於左膝窩處；同時，右手持劍向前刺出，左手劍指隨劍勢回撤置於頭右前上方；面向西，目視劍尖前方（圖9-40—圖9-42）。

· 圖 9-40　　　· 圖 9-41　　　· 圖 9-42

要點 出劍指與前跨步刺劍，要緊湊一致，扣膝獨立時，要沉實穩定，精神專注。

## 12. 鳳凰展翅

右腳向後側一步成左弓步，右手持劍下落停於胸前後向右前上斜削，手心向上。緊接著向後轉體180°，右手執劍，隨轉體平推，左手劍指向左下方展開，手心向下；面向東，目隨劍勢，意貫劍刃前方（圖9-43—圖9-45）。

要點 削劍時要與轉腰、弓步協調一致。以腰帶臂，劍指與劍勢前後要展開，勁貫劍刃前端，上體中正，神態自然。

・圖 9-43　　　　　　　・圖 9-44

・圖 9-45

### 13. 小魁星

　　左腳向左外展，身體左轉
90°，右腳提起虛點於左腳旁；同
時，右手持劍向後劈砍，屈臂停
於頭部右前方，意在劍之外刃；
左手劍指按於右腕脈上；面向
西，目隨劍轉（圖 9-46）。

　　要點　轉身劈劍與上右步要
協調一致。丁步時重心要平穩，
提頂吊襠，虛領頂勁，氣沉丹田。

・圖 9-46

## 14. 鳳凰單展翅

上動不停，右腳向後橫移半步，左腳隨即後插一步，身體左轉；同時右手持劍自身前劃弧線向後反撩削，虎口向下；左手劍指隨劍勢置於右肩窩處；面側向東，目視前方（圖 9-47）。

· 圖 9-47

要點 插步與反撩劍要協調一致，上身傾俯時胸要內含，劍尖與右臂、右肩成一直線。

## 15. 等魚式

左腳向後撤回坐實，右腳回收虛點於左腳之右前方成右虛步；同時，將劍屈臂向身前旋抽，劍身平，劍尖朝前上方，手心朝上；左手劍指隨劍勢按於右腕處；面向東，目視劍尖（圖 9-48）。

· 圖 9-48

**要點** 撤左步，收右腿，胸前抱劍要協調一致。抱劍時，肩、肘鬆沉。

### 16. 龍行式

(1) 身體微向左轉，右手持劍向左抹帶。然後提右腳向右前上步成右弓步；同時，右手向內翻腕，用劍之前刃向前平行推抹，手心朝下；左手劍指附於右腕處；目視前方（圖9-49、圖9-50）。

(2) 左腳上前一步，屈膝沉實，以腳跟為軸向右轉體90°，右腳跟虛點於左腳前，腳尖翹起；同時，右手持劍隨身轉動向右抹帶；左手劍指隨動置於右腕處；面向南，目視前方（圖9-51）。

(3) 身體左轉90°，左腳向左前一步弓出，右腳落蹬地，成左弓步；同時右手持劍向前平攬；左手劍指隨右手動作向左上方劃弧，屈臂，手心外翻置於前左上方；面向東，目視前方（圖9-52）。

• 圖 9-49

• 圖 9-50

・圖 9-51 ・圖 9-52

(4) 右腳上步屈膝沉實，身體向左轉 90° ，隨轉體左腳尖虛點於右腳前；同時，右手劍亦隨轉體劃圓向左平擊；左手劍指隨右手動作下落按於左腕處；面向北，目視前方（圖9-53）。

・圖 9-53

(5) 劍勢不停，左腳尖向內擰扣，身體右轉，右腳向右前方邁出一步成右弓步；同時，右手持劍隨體轉翻腕，手心向下，向右前平擊，橫置於胸前；左手劍指隨劍勢仍按於右腕處；眼隨劍勢，面向東南，目視前方（圖 9-54、圖9-55）。

• 圖 9-54

• 圖 9-55

要點 轉體與上步要協調一致，劍的推、抹、挒、帶高度與腰平齊，連綿不斷，往復轉折，以腰為軸，催動劍勢。

## 17. 抱月式

上動不停，右腳收回虛點於左腳前，成右虛步；同時，右手持劍與左劍指在身前左、右展開後，旋腕屈臂將劍斜抱於面前，手心朝上，左手劍指附於右腕內側；眼隨劍勢，面向東北，目視前方（圖 9-56、圖 9-57）。

• 圖 9-56

• 圖 9-57

要點 屈坐抱劍，左實、右虛要分明；要中正安舒，凝神斂氣，靜中求動。

## 18. 青龍顯爪

左腳提起點於右腿膝窩處；同時，右手持劍隨身動向前上方刺出，手心仍朝上；左手劍指附於右腕內側；眼隨劍勢，目視前方（圖 9-58）。

要點 扣腿要穩健、沉實。

## 19. 烏龍擺尾

左腳後退一步，屈膝坐實，右腳收回虛點於左腳前；同時，右手持劍向右下格封，劍尖下垂指向地面；左手劍指向左前劃弧屈臂，手心向左前外側並置於頭左前上方；面向東，目視前方（圖 9-59）。

要點 落步截劍與劍指展開，要貫穿一氣，截劍時，右臂不可僵直，要有鬆活、冷彈、抖發之意。

· 圖 9-58

· 圖 9-59

### 20. 青龍出水

(1) 右腳向前跨一步，腳尖外擺，膝微弓，左腳跟抬起，兩腿成交叉步；

同時，右手持劍使劍尖自下陡起，向左前劃弧線刺出，前臂向內擰裹，手心斜向右上。隨即左腳上前一步，虛點於右腳前；左手劍指隨勢動置於右腕內側；面向東北，目視前方（圖9-60、圖9-61）。

· 圖 9-60　　　　　　　· 圖 9-61

(2) 右腳踏穩，左腳旋即向前跨出一步成左弓步；同時，右手持劍自左至右在頭前劃圓撩削後落至腰間，向前上方刺出；左手劍指隨勢置於左額前上方；眼隨劍勢（圖9-62、圖9-63）。

要點 上步、疊身與刺劍要協調一致；向前刺劍，右手臂要螺旋伸出，力達劍尖；弓步與刺劍要協調一致，整個動作要聯貫。

・圖 9-62　　　　・圖 9-63

## 21. 風捲荷葉

　　左腳抬起置於右腿膝窩處，右腿屈膝下蹲，同時，身體
向右後轉；右手持劍下落自下而上向後反撩劍；左手劍指隨
劍勢附於右肩前；面側向西，目視劍尖（圖 9-64）。

　　要點　扣腿與向後撩劍協調一致，整個劍勢一氣呵成，
上體中正，不可前俯或凸臀。

・圖 9-64

## 22. 左、右獅子搖頭

(1) 左腳左撇一步下蹲成右仆步；同時，右手執劍翻腕向左甩頭，貼地向左後斜削；左手劍指展開於左前上方；眼隨劍勢，目視劍尖（圖9-65）。

· 圖9-65

(2) 左腳不動，身體直起，右腳收於左腳旁虛點成右虛步；同時，劍隨身動提起，手心向內，劍尖朝前；左手劍指合於右手腕處；眼隨劍勢，面側向西南（圖9-66）。

(3) 接上動不停，身體右轉，右腳向後一步，擦地屈蹲

· 圖9-66

· 圖9-67

成左仆步；同時，右手劍翻腕由前上向下削劈；左手劍指隨勢動下落按於右手腕處；眼隨劍勢，面向西北（圖 9-67）。

要點 左右下勢拉劍轉換與丁步托劍要協調一致；轉換丁步時，上體中正，虛實分清，上托劍時，勁貫劍之上刃，整個動作聯貫自然。

### 23. 虎抱頭

(1) 上動不停，左腳收回虛點於右腳前，成左虛步；同時，右手翻腕，劍刃翻起上削，置於頭右前上方；左手劍指隨勢按於右腕下方；眼隨劍勢，面側向西（圖 9-68）。

(2) 右腳向右前方邁出一步，左腳提起跟上虛點於右腳跟處，身體向右轉；同時，右手劍自上向右前沉腕點刺，力達劍尖；左手劍指隨動作按於右腕上方；目視劍尖前方，面向東北（圖 9-69）。

要點 步上身隨，以身催手，以腕運劍，力貫劍之前刃。

· 圖 9-68　　　　　　　· 圖 9-69

### 24. 野馬跳澗

(1) 左腳向左後撤一步，身體向左後轉，右腳提起虛懸於身前，腳尖下垂，成獨立勢；同時，右手劍自頭上向前劈落，沉腕斂氣；左手劍指展開隨劍勢合於右腕上；面向西，目視劍尖方向（圖9-70、圖9-71）。

(2) 右腳落地，左腳上行一步，右腳再上行一步，隨即右腳蹬地跳起，左腳過步，右腳弓出，成右弓步；同時，劍隨步法、身動自左至右劃圓攪劍，以手腕轉動牽動劍勢，然

· 圖 9-70　　　　　　　　· 圖 9-71

· 圖 9-72　　　　　　　　· 圖 9-73

後向正前方平胸刺去；左手劍指隨劍出後向左上方翻出，置於左額前上方；眼隨劍勢，面向正西，目視劍尖前方（圖9-72—圖9-78）。

要點 落步絞劍要輕靈平穩，上步與絞劍要協調一致，絞劍時手腕要鬆活，劍尖運轉呈螺旋形，迴環自如，靈活多變。

· 圖 9-74

· 圖 9-75

· 圖 9-76

· 圖 9-77

・圖 9-78

### 25. 盜馬式

左腳跟、右腳掌同時碾地，
身體向左後轉動 180°，左腿
弓，右腿蹬直，成左弓步；隨轉
體右手持劍回撤於右肩旁，劍身
平立，劍尖向後；左手劍指合按
於右腕處；眼隨劍勢，面向東，
目視劍尖前方（圖 9-79）。

・圖 9-79

要點 轉身弓步與向上格劍要協調一致。氣要把定，凝
神待動。

### 26. 青龍顯爪

⑴上動不停，右腳向前上半步，接著重心後移，右腿
屈坐，左腿收回點於右腳前，成左虛步；同時，劍自右肩向
前劈出後翻腕回收，抱於胸前，劍身平，劍尖斜向正前方；
左手劍指隨勢按於右腕內側；眼隨劍勢，目視劍尖前方，面
向東（圖 9-80、圖 9-81）

• 圖 9-80

• 圖 9-81

(2) 左腳抬起略向前進步屈膝，右腳提起扣於左膝窩處；同時，右手劍隨身起，向喉部刺去；左手劍指隨勢動置於胸前劍柄上；眼隨劍勢目視劍尖前方，面向東（圖9-82）。

要點 屈坐抱劍，右實左虛要分明，要中正安舒凝神斂氣，靜中求動。上步、盤腿與刺劍要貫穿一氣，上體保持端正自然。

• 圖 9-82

### 27. 迎風撣塵

(1) 向左轉體，劍隨身動向左封掛，劍身豎立，劍尖向上。接著，右轉身90°，右腳上步，左腳跟進，虛點於右腳跟處；同時，右手劍向前劈出，劍指隨劍的動作按於右腕處；眼隨劍勢，目視前方，面向東（圖9-83、圖9-84）。

(2) 身體向右略含，接著向左轉體90°，以右腳跟為軸

擰轉，左腳相隨虛點於右腳跟處，劍隨身轉，轉腕向右後豎直斜格。然後左腳前跨一步，右腳跟進，虛點於左腳跟處；右手持劍抖腕向前斜豎推抹，尾骨有前翻之意；左手劍指隨勢按於右腕處；眼隨劍勢，目視前方。面向東北（圖9-85—圖9-87）。

要點 左、右掛劍，步法要輕靈，要以身帶劍，身劍合一，使劍運行聯貫圓活，左、右轉換，以腰為軸，提領身體，中正自然。

・圖 9-83　　　　　　　　・圖 9-84

・圖 9-85　　　・圖 9-86　　　・圖 9-87

## 28. 霸王提鞭

身體微向右轉，右腳後退一步，微屈膝落實，左膝微外展提起腳尖自然下垂，成獨立勢；同時，右手持劍向右上提帶，劍尖斜指前下方；左手劍指屈臂前指；目視前方（圖9-88）。

要點 提膝與提劍要協調一致，左膝關節外展，右膝微屈，含胸蓄勢。

## 29. 順水推舟

左腳前落一步成左弓步；上體左前傾，右手持劍隨身動向前下探刺，劍指仍前指；目視劍尖前方（圖9-89）。

要點 動作舒展，弓步與探刺協調一致，身體前擠後撐，力達劍尖。

• 圖 9-88　　　　　　　• 圖 9-89

## 30. 力劈華山

向後轉體 180° 成右弓步；同時，右手持劍向右後平劈，劍平置於右膝前上方，劍尖朝正前方；左手劍指置於頭上方；目視前方（圖 9-90）。

要點 以身帶動劍勢，鬆肩沉腕，頂頭拔背，勁貫劍之前刃。

## 31. 天馬飛報

身體左後轉，左腳向左前方上一小步，屈膝下蹲，再上右腳至左腳內側虛點，成右丁步；同時，右手持劍由下往上、再向前下劈；左手劍指合於右臂內側；目視前方，面向東南（圖 9-91）。

要點 上右步與劈劍要協調一致，上體不可前傾；劈劍時要斂臀、鬆肩、沉腕，聯貫自然，力達劍尖。

· 圖 9-90 · 圖 9-91

## 32. 挑簾式

右腳向右經仆步下勢，而後重心移於右腿，左腳提起成獨立勢；同時，劍隨身勢，由下往上挑起，劍舉於頭之右上方，劍尖向正前方；劍指隨劍勢前指，目視前方（圖 9-92、圖 9-93）。

要點 提膝與劍上挑協調一致，膝高過腰腳護襠前。

・圖 9-92　　　　　　　・圖 9-93

## 33. 左、右車輪

(1) 左腳尖外撇下落、踏實，同時向左轉體成歇步；使劍自上往下經左腿前往左掛。接著右腳向左前方上一步，成右弓步；同時，右手持劍由左下向上劃弧再向右前劈去；左手劍指隨劍勢，在上右步前劈時，向右上展開；目視前方（圖 9-94、圖 9-95）。

(2) 右腳提起落地，腳尖向外撇；順勢將劍向左翻壓，第劍尖向下，而後向上、向右後下方刺劍；左手劍指隨勢按

於右腕上後，旋即向左胸前屈臂亮指；目視後下方（圖9-96、圖9-97）。

要點 左、右掛劍，成立圓貼近身體，聯貫圓活，順達自然。

· 圖 9-94                    · 圖 9-95

· 圖 9-96                    · 圖 9-97

## 34. 燕子銜泥

左腳向前一步落實，右腳跟進點於左腳後，成右丁步；同時，劍勢不停，劍自後方由下經上往前下方劈；左手劍指

隨劍勢合按於右腕處；目視劍尖
（圖 9-98）。

[要點] 左腳上步與右腳跟進劈
劍要束肋豎尾，氣沉丹田，抖腕沉
氣，力貫劍尖。

### 35. 大鵬展翅

右腳抬起，以左腳跟為軸向右
後轉體，左腿蹬伸，成右弓步；同
時，劍隨身勢，向右後平削；左手

· 圖 9-98

劍指向後展開，臂擰轉，虎口向下。劍指指向身後；眼隨劍
勢，目視前方，面向東（圖 9-99、圖 9-100）。

[要點] 削劍時要與轉腰、弓步協調一致，以腰帶臂，劍
指與劍勢前後展開，勁貫劍刃前端，上體中正，神態自然。

· 圖 9-99

· 圖 9-100

### 36 海底撈月

　　提左膝，成右獨立勢，然後自左向後轉體，左腳仆步下勢，隨即右腳抬起，向前上步成右弓步；同時，劍隨身勢下落，向前上方撩出，劍外刃向前，意在外刃；左手劍指落於身體左後側；目視劍尖。（圖9-101—圖9-103）。

・圖 9-101

・圖 9-102

・圖 9-103

### 37. 宿鳥投林

身體左後轉，右腳向後收點於左腳前，左腿屈膝塌腰坐實；同時，右手沉腕將劍崩起，劍尖向上，豎於胸前；左手劍指由後向前合按於右腕之上；目視前方（圖9-104）。

要點 撤步與轉腕崩劍要協調一致，勁貫劍鋒。

### 38. 夜叉探海

左腳蹬地，右腿前跨一步踏實，身隨勢起，左膝提起懸於左後方；同時，劍隨身勢前探向前下方刺；左手劍指向上翻起置於頭上方；目視劍尖，面側向西（圖9-105）。

要點 提膝與上前探刺劍協調一致，蹬腿發力，快速敏捷，勁貫劍尖。

・圖9-104　　　　　・圖9-105

### 39. 犀牛望月

左腳下落向前邁出一步，成左弓步；同時，右手持劍隨

轉體屈臂收至右肩前，劍尖斜
向後上方；左手劍指下落自身
前從右至左劃一立圓置於右腕
前側；向後甩頭，目視後方
（圖 9-106）。

### 40. 射雁式

重心移於右腿，左腳收回
點於右腳前，成左虛步；同
時，劍向上抬起再向下劈去，

・圖 9-106

劍尖斜指地面；左手劍指隨劍前劈回抽之時向前指；目視前
方，面向東（圖 9-107）。

・圖 9-107

・圖 9-108

### 41. 童子拜觀音

左腳向前跨跳一步，後腿跟隨，身體下落屈膝盤坐，成
坐盤步；同時，劍向前上方斜刺，劍柄置於胸前，劍尖斜指

前上方；左手劍指落按於右腕內側；眼神隨劍向前看去，面向東（圖9-108）。

要點 向前縱步、坐盤刺劍要協調自然，周身一氣，上體端正，神貫於頂，力達劍尖。

## 42. 鳳凰展翅

左腿蹬伸踏實，右腳扣於左膝窩處；劍平持於腹前。然後上體右轉90°，右腳向右前邁一步，屈膝弓出；劍隨身動，以陽劍自腹前向右上方展開削抹；左手劍指，手心向下，向左下方展開；目視前方，面側向西（圖9-109、圖9-110）。

要點 同12鳳凰展翅。

· 圖 9-109          · 圖 9-110

## 43. 左右挎籃式

(1) 身體稍向左轉（面向南），右腳回抽於左腳前，成右虛步；劍隨身上撩（圖9-111）。

（2）右腳上步，向右後轉體成坐盤步，右手持劍順勢向右後下劈。緊接著上左步，身體左轉；劍自右後向左前上撩出（圖9-112—圖9-114）。

（3）接上勢，身體屈膝下蹲成坐盤步，隨即右腳向前、外撇，左腳再上步虛點於右腳前，成左虛步；劍隨坐盤步先下落於體前，再隨左腳上步上撩於右額前方。（圖9-115、圖9-116）。

・圖 9-111  ・圖 9-112

・圖 9-113  ・圖 9-114

 左盤右旋，以腰為軸，身劍合一，活潑無拘，鬆肩活腕，劍要靈活運轉。

## 44. 射雁式

兩腳仍為左虛步，身體略下沉；同時，劍回抽下劈，劍柄置於右胯前，劍尖斜指向前下方；左手劍指下落前指，高與胸平；目視前方，面向西（圖 9-117）。

要點 同 41. 射雁式。

・圖 9-117

## 45. 白猿獻果

左腳向前方上一步，成左弓步；同時，鬆肩、墜肘、坐腕，以陽劍將劍自下向上穿刺；左手劍指落按於右腕內側。接著右腳提起，腳面貼於左膝窩處；掌腕下沉，劍尖向上崩起成立劍；目視劍尖，面向西（圖 9-118、圖 9-119）。

要點 向上崩刺時，斂臀沉腕，一氣貫穿，劍尖有後挑之意。

・圖 9-118
・圖 9-119

・圖 9-118 ・圖 9-119

### 46. 左、右散花式

(1) 右腳後退一步成右弓步，身體略往左含；同時，劍往左繞，變陰劍平胸部往右後平帶；左手劍指按於右前臂處；目視左方，面向西北（圖9-120）。

(2) 提左腳往後退一步，身勢略下蹲；同時劍向右繞變陽劍平腰部向左平拉帶；左手劍指隨勢左上翻起，置於左上方；目視前方，面向西南（圖9-121）。

・圖 9-120 ・圖 9-121

(3) 提右腳後退一步，屈膝下蹲，左腳回撤虛點於右腳內側；同時，劍向左繞變陰劍，平胯部向右後平拉後，劍尖挑起，劍柄置於頭右前方；左手劍指隨之附於右臂內側；目視前方，面向西北（圖 9-122、圖 9-123）。

• 圖 9-122　　　　　　　　　• 圖 9-123

要點 左、右運劍與退步轉體要協調一致。

### 47. 玉女穿梭

左腳向左後方跳步，轉體 180°，成左弓步；劍隨身勢擰轉，立劍向左下方刺去；左手劍指隨劍勢向左上劃弧，置於左額前上方；目視前方，面向東南（圖 9-124）。

• 圖 9-124

要點 轉身時要平穩自然，不可低頭彎腰；弓步與刺劍要協調一致。

## 48. 猛虎擺尾

向右轉體，提右腳向右出一步，腳尖外擺成剪刀步；在提右腳的同時，劍尖下垂，經膝前向右身後格封，變為陽劍，以腕力將劍尖崩起，劍身直立，劍柄下坐；左手劍指隨劍崩起向左前指出；眼隨劍勢，目視劍尖，面側向西（圖9-125、圖9-126）。

• 圖 9-125　　　　　　• 圖 9-126

要點 提膝掛劍，要協調貫穿，上體沉坐與崩劍要協調一致，勁貫劍刃前端。

## 49. 虎抱頭

左腳上前一步踏實，右腳屈膝點沉於左腳跟處；同時，右手翻腕向前劈劍，立劍平伸，劍柄置胸前；左手劍指隨合於右手腕處；目視前方，面向西（圖9-127）。

要點 身起、跨步、斂臀、劈劍要一氣呵成。

• 圖 9-127

## 50. 魚跳龍門

(1) 右腳向正前方跨出一步，屈膝踏實，左腳尖點於右腳跟處；同時，右手持劍向右上格掛後，向前劈劍；左手劍指按於右腕處；目視劍尖前方，面向西（圖 9-128）。

(2) 左腳上前屈膝踏實，右腳點於左腳跟處；同時，右手劍上崩，劍尖向後上方；劍指置於右腕下；目視前方（圖 9-129）。

(3) 右腳向前跨出一步，屈膝踏實，左腳點於右腳跟處；同時右手持劍向前劈劍，沉腕，意向劍尖；左手劍指按於右手腕處；目視前方（圖 9-130）。

・圖 9-128　　　　・圖 9-129　　　　・圖 9-130

要點　跨跳劈劍銜接緊湊，勢勢相承，抖腕發劍，力沉勁整，力透劍尖。

## 51. 烏龍絞柱

(1) 向左轉體，劍向左繞，上右步，緊接著左腳向前上步虛點於右腳前，此時，劍隨身動，向右上提拉，置於右額

・圖 9-131　　　　　　・圖 9-132

上方，劍指前指；目視前方，面向西側。（圖 9-131、圖
9-132）。

(2)左腳向左前一步弓出，身體向右轉，右手持劍隨轉
身向右後甩頭。隨即右腳再向前一步，成右弓步，劍勢不
停，經下往上向前反撩；左手劍指向左前上方劃弧並向後展
開；目視前方，面向西。（圖 9-133）

要點 左右轉體運劍時上下相隨，左右相顧，弓步、撩
劍與劍指展開要協調一致。

### 52. 朝天一炷香

鬆腰沉胯，實腹斂氣，右腳蹬勁；劍勢不停，沉腕將劍
豎直崩起，劍為中陽；左手劍指隨劍勢由後向前按於右腕
上；目視前方（圖 9-134）。

・圖 9-133　　　　　　・圖 9-134

## 53. 風掃梅花

(1) 右腳尖裡扣蹬伸，左腳尖外擺，重心左移，成馬步；同時，兩手持劍，劍身不動，靠轉體將劍由右向左後方掛去，立於左胸前；左手劍指仍按於右腕之上；目視前方，面向東南（圖9-135）。

・圖9-135　　　　　　　　　・圖9-136

(2) 向右轉體，左腳抬起，以右腳掌為軸，旋轉360°，隨即左腳落地踏實，右腿向前一步，屈膝弓出；右手劍隨身動掃轉一圈後，自腰間翻腕以陽劍向前平伸刺去，左手劍訣自左向後挽翻，手心向上、向前指出、附於右腕內側；目視前方，面向南。（圖9-136—圖9-139）

・圖9-137　　　　　・圖9-138　　　　・圖9-139

### 54. 牙笏式

左腳上前一步虛點於右腳前；同時將劍收回，劍前端向身體傾斜，左手接劍以食指、中指招往劍柄，拇指扣劍格，右手扣抱劍柄之上；目視正前方（圖9-140）。

要點 左手接劍與上左步虛點要協調一致，抱劍時，沉胯蓄勁，精神貫注，靜以待動。

• 圖 9-140

### 55. 抱元歸一

(1) 右腳向前一步與左腳並齊；同時，左手持劍挽翻於身後，劍尖向上，劍身直平貼於左臂；右手招劍指由胸前劃圓向前方指出；目視前方（圖9-141、圖9-142）。

• 圖 9-141

• 圖 9-142

(2) 右腳後退一步，左手持劍，右手劍指由兩側弧形向上合抱於胸前，左手持劍在下，右手劍指附於左腕部。左腳退步與右腳站齊，兩腿蹬伸，兩手徐徐向兩側分，兩臂下沉

圓撐，合太極勢；目平視前方（圖 9-143—圖 146）。

要點 收勢動作要聯貫、圓活、鬆穩慢勻，最後成併步
自然站時，全身放鬆。深呼氣，神氣歸元。

· 圖 9-143

· 圖 9-144

· 圖 9-145

· 圖 9-146

# 第十章

# 武式太極三十六棍

## 一 武式太極三十六棍概述

太極棍是已故當代太極名家、技擊家、先師陳固安先生，在太極十三桿的基礎上，在太極拳理論指導下，經多年研究，潛心演習精心組創而成，1985 年著《太極棍》一書出版，深受國內處太極拳愛好者歡迎。

太極拳的基本原則就是太極棍法的基本原則，在練習之中呈現緩慢輕柔、圓活勻稱之態。既然是棍，自有其獨特風格。在演練和應用時要求靈敏神速，雄渾強勁，剛柔相濟，沾連纏繞，化發相隨，變幻莫測，真可謂：「搖動風車大旋轉，前後左右都是棍，恰是疾風掃殘雲，酷似疾風掃落葉。」將練用二者結合起來而言，正是拳論所謂「運勁如抽絲，發勁如放箭」。

這套棍只有三十六式，包括二十四種棍法，即崩、劈、挑、砸、撥、掃、抄、掛、撩、刷、纏、粘、點、絞、捋、挎、挫、晃、雲、蓋、封、閉、撐、架，而且每一式都有口訣。青年人練此棍術，可以剛為主，剛柔相濟，提高速度，增強體力；老年人練棍術，則以柔為主，練意練神，陶冶情操，袪病延年。

## 二 武式太極三十六棍棍式名稱

預備式

1. 金雞獨立
2. 金童搖圈
3. 白雲蓋頂
4. 撥雲望日

5. 五花棍
6. 枯樹盤根
7. 大鵬展翅
8. 烏龍擺尾
9. 風掃梅花

10.劈山棍　　　　24.童子拜佛

11.白鶴起舞　　　25.泰山壓頂

12.野馬分鬃　　　26.指襠撩陰

13.紫燕望月　　　27.撥草尋蛇

14.白蟒翻身　　　28.靈貓捕鼠

15.五行棍　　　　29.抄點斜劈

16.二龍戲珠　　　30.宿鳥投林

17.獅子搖頭　　　31.魚跳龍門

18.白猿獻果　　　32.太公釣魚

19.左右車輪　　　33.定海神針

20.豹子跳澗　　　34.射雁勢

21.左右攔掃　　　35.轉身豎旗

22.猛虎絞尾　　　36.蒼龍歸海

23.流星趕月　　　收勢

## （三）武式太極三十六棍棍式圖解

### 預備式

　　兩腳自然開立，身體直立；左手自然下垂，指尖向下；右臂微屈，右手握棍後端，手心向上，手後餘一把長，棍前端在前下方觸地；目向前平視（圖10-1）。

### 1. 金雞獨立

　　右手握棍向右上提，右臂屈肘，手

• 圖 10-1

心向下，左手接棍，向左上方斜挑，左臂微屈，手心向上。緊接著身體微左轉，棍頭自前向後在身體左側劃立圓，雙手握棍，棍頭向前，高與肩平；左腿屈膝提起，腳尖內扣護襠，成獨立勢；目向前平視（圖 10-2—圖 10-7）。

· 圖 10-2　　　　· 圖 10-3　　　　· 圖 10-4

· 圖 10-5　　　　· 圖 10-6　　　　· 圖 10-7

## 2. 金童搖圈

(1) 下肢不動，右手滑推棍右端向正前方橫擊，棍左端貼於左肩外側，兩手心相對，右手在前，左手在後；目視棍前端（圖10-8、圖10-9）

・圖 10-8

・圖 10-9

(2) 左腳向左前下落成左弓步；右手握棍使棍右端向右後下方滑撥，右臂微屈；左手握棍，左臂屈肘停於胸前；目視棍右端（圖10-10）。

(3) 右腳向右前上步，接著，左腳向右腳靠攏成併步；右手握棍使棍右端向前上逆時針劃圓，左手握棍使棍左端向前下方順時針劃圓。兩手劃圓後，使棍身橫平於胸前，右臂屈肘，右手心向下握棍，左臂微屈，左手心向下握棍；目視棍左端（圖10-11、圖10-12）。

・圖 10-10

• 圖 10-11

• 圖 10-12

### 3. 白雲蓋頂

左腳向左跨半步，身體向左轉，左腿微屈半蹲，右腳立即跟上，停於左腳前，腳尖點地，重心在右腿；左腳跨步的同時右手握棍，從右側經上向前方蓋打；左手換把與右手成對把握停於右腋下；目視棍前端（圖 10-13）。

• 圖 10-13

### 4. 撥雲望日

(1) 右手滑握至棍前端，右臂屈肘回拉，左手向前下方撩棍；右腳向後撤屈膝踏穩，左腳後收點於右腳前；目視棍前端（圖 10-14）。

(2) 左手滑握至棍前端，左臂屈肘回拉，右手握棍向前下方撩

• 圖 10-14

棍；重心後移，右腿微屈，左腳於右腳前以腳尖點地成左虛步；目視棍前端（圖10-15）。

(3) 右手握棍向右上方撥棍，使棍前端停於頭部右側前上方，右手與肩同高，手心向左；左手握棍順勢向下，手心向右停於胯左側；同時，左腳向後撤半步，重心後移，左腿微屈，右腳尖於左腳前以腳尖點地成右虛步；目視棍前端（圖10-16）。

### 5. 五花棍

(1) 左手握棍使棍端由後向上向前方蓋砸；右手握棍順勢向下，手心向左停於胯右側；同時，右腳微向前移，全腳掌著地，右腿微屈，重心移至右腿，左腳隨即前移至右腳前，腳尖點地成左虛步（圖10-17）。

・圖 10-15　　　・圖 10-16　　　・圖 10-17

(2) 左腳向前跨一步，左腿屈成左弓步；同時，右手握棍向前劈蓋，虎口向後，手心向下；左手握棍停於右腋下，手心向上；目視棍前端（圖10-18）。

(3) 重心後移，身體向右轉，兩腿屈膝成馬步；同時，

左手握棍使棍後端向左側上挑，左臂屈肘，手心向下；右手握棍使棍前端順勢向上、向右回拉，停於右肩前，右臂屈肘，手心向下；目視棍左端（圖 10-19）。

(4) 重心左移，身體向左轉 180°，右腳和左腿膕部靠貼後，向右邁一步，右腿伸直，左腿屈膝成左側弓步，上體微向左擰轉；同時，右手握棍經上向左前下方砸，使棍端觸地；左手握棍順勢下移，停於腰左側；目視棍前端（圖 10-20、圖 10-21）

・圖 10-18　　　　　　　　　　・圖 10-19

・圖 10-20　　　　　　　　　　・圖 10-21

(5) 右手握棍，使棍右端在身體右側順時針纏絞一圈半後停於右前上方；同時，身體向右轉，左腿仍屈膝，右腳收

・圖 10-22　　　　　・圖 10-23　　　　　・圖 10-24

至左腳前方，腳尖點地成右虛步；目視棍右端（圖 10-22—
圖 10-24）。

### 6. 枯樹盤根

(1) 右腳前移落實，左腿屈膝抬起；同時，右手持棍向
前劈出，左手在頭左上方展出（圖 10-25）。緊接著左腳落
地，右腳撤回，腳尖外展；右手滑握至棍前端，屈臂回拉至
腰右側；左手握棍向右下方轉掃，使棍端在前下方觸地，左
臂伸直；目視棍前端（圖 10-26、圖 10-27）。

・圖 10-25　　　　　・圖 10-26　　　　　・圖 10-27

(2) 身體向右後轉 180°，右腿提起經左腿後向右伸直仆地，左腿屈膝全蹲成仆步；轉體同時，右手握棍向右後橫掃270°，手心向下；左手向左劃弧，屈臂橫掌停於頭左前上方；頭向右轉，目視棍右端（圖 10-28、圖 10-29）。

· 圖 10-28　　　　　· 圖 10-29

### 7. 大鵬展翅

(1)左腿由全蹲成屈膝半蹲，右腳向左移步，身體重心偏於左腿。右手握棍由右向後過頭頂，再向右前方掄棍；左手隨勢稍動後仍停於頭左上方；目視棍右端（圖 10-30、圖 10-31）。

· 圖 10-30　　　　　· 圖 10-31

(2) 左腳踏跳，身體向左後轉 360°，落地後成馬步；跳轉同時，右手握棍使棍前端向下、向左，隨轉體，使棍前端向上、向右側劈下，兩臂側平舉，右手握棍的另一端，棍的前端略高於頭；目視棍前端（圖 10-32）。

・圖 10-32

## 8. 烏龍擺尾

(1) 右臂屈肘，右手握棍變虎口向下，使棍前端向下經體前向左，然後經上向右雲棍一周；雲棍同時，體向右轉，右腳左移，兩腿微屈成右虛步；左掌向右擺成立掌停於右肘內側；目視棍前端。（圖 10-33）

(2) 上動不停。右手握棍，使棍向下經右腿外側向後、向上、再向前雲一周，右腳外撇，左手接棍（圖 10-34）。

(3) 右腳蹬地跳起，身體向右後轉（大於 180°），跳轉後，兩腿屈膝成馬步；跳轉同時，右手握棍向右後撥，使棍身貼於背後，右臂側平伸；左手離棍，左臂微屈肘，左掌停於頭左上方，掌指向右，掌心向前上方；目視右方（圖 10-35）。

• 圖 10-33

• 圖 10-34　　　　　• 圖 10-35

### 9. 風掃梅花

(1) 右手握棍變虎口向下提棍，右臂屈肘左移，使棍左端向下、向右移，當將棍斜提至胸前時，左手虎口向下，手心向外與右手成反把握棍。隨即右手握棍上提，左手向左後撥，使棍從頭和左肩側繞過，棍身斜貼於背後，右臂屈肘，左臂微直；提撥棍的同時，身體微左轉，右腿直立，左腿屈膝提起；目視前方（圖 10-36）。

・圖 10-36　　　　　　　　　　　・圖 10-37

(2) 右腳跳起，左腳隨即落地為軸，右手握棍向左後轉掃一周；同時，右腿伸直也隨之轉掃一周；轉掃後，左腿屈膝全蹲，右腿伸直仆地成右仆步；與右手成順把握棍；左手後展；目視棍前端（圖 10-37）。

## 10. 劈山棍

(1) 左腿伸直，右腿屈膝提起；左手換至右手前握棍；目視前下方。（圖 10-38）

・圖 10-38

・圖 10-39

・圖 10-40

(2) 左腳蹬地跳起，右腳隨即落地，右腿屈膝全蹲，左腿向左伸直，成左仆步；雙手握棍向下摔砸，左手心向下蓋壓棍；目視棍前端（圖 10-39、圖 10-40）。

### 11. 白鶴起舞

(1) 右腿伸直，重心前移，左腿屈膝，成左弓步；隨身體重心前起，右手將棍拋向空中，左臂後伸，右臂向前上伸準備接棍（圖 10-41）。

・圖 10-41

(2) 右手握棍使棍端在身體右側順時針劃圓 540°（即一周半）向前下點，左手成掌經身體左側立於右腕左側，掌心向右前；劃圓點棍的同時，重心後移至左腿，左腿屈膝，右腳收至左腳前，腳尖點地成右虛步；目視棍前端（圖 10-42）。

· 圖 10-42

## 12. 野馬分鬃

(1) 右手握棍，右臂屈肘向左上引，繼而腕部用力使棍端在身體左側逆時針貼身劃一立圓後，右手握棍停於頭右側上方，右臂微屈，虎口朝前，右手心向右上方；左掌隨右手移動，最後停於右肩前，掌心向右，掌指向上；上體微向右擰；當右手握棍向左上引時，右腳前移踏實，左腳移至右腳前，腳尖點地，兩腿微屈；目視棍端（圖 10-43、圖 10-44）。

(2) 右手握棍，右臂屈肘向右下移，以腕部力量使棍前端在身體右側逆時針貼身劃一立圓後，右手握棍停於身體左側，虎口向前，手心向上；上體微向左擰轉；左手護於右腕；當右手握棍向右下移時，左腳向前移動踏實，右腳跟進，腳跟提起；目視前下方（圖 10-45）。

· 圖 10-43　　　　· 圖 10-44

· 圖 10-45

### 13. 紫燕望月

　　緊接上動。右手握棍，使棍端向左、向下繼續劃圓，然後右手反臂向右撩棍，手心向上，虎口向前；左臂微屈，左掌停於額前，掌心向前，掌指向右上；撩棍的同時左腳前移，右腳向左前上一步，落地前左腳踏跳，左腿屈膝後撩，停於右腿後，左腳掌向上，上體向左前傾，右腿微屈；目視棍右端（圖 10-46）。

・圖 10-46

### 14. 白蟒翻身

(1) 右腿伸直，左腿屈膝提起；右手握棍，右前臂外旋；左手握棍的近端，與右手成順把握棍（左手握棍後，右手向前滑移，握棍的中段）；目視棍前端（圖 10-47）。

・圖 10-47　　　　　　　・圖 10-48

(2) 左腳向左下落並踏跳，身體向左後轉 360°，右腳前落，右腿屈膝，左腳後撤，左腿伸直成右弓步；踏跳轉體的同時，雙手握棍，使棍向下經右腿向上再向前掄劈，右手向後滑，與左手靠近；目視棍前端。（圖 10-48—圖 10-50）

· 圖 10-49　　　　　· 圖 10-50

## 15. 五行棍

(1) 右腳後撤一步成左側弓步；右手變成與左手對把握棍，右手滑握至棍中段後，用力將棍前端向右上方撥；目視棍前端（圖 10-51）。

(2) 重心右移，右腿屈膝成右側弓步，身體微向右擰轉；左手握棍，使棍左端向上再向前下刷；右手握棍右端，停於腰右側；目視棍前下端（圖 10-52）。

· 圖 10-51　　　　　· 圖 10-52

(3) 身體微向左轉，左腳移至右腳前成左虛步；左手滑握至棍中段後向左上掛棍；目視棍左端（圖 10-53）。

(4) 左腳落實，右腳貼於左腿膝彎處，隨即右腿向右斜前方上步，身體左轉成左弓步；右手握棍，使棍右端向上再向前下砸；左手握棍使左段停於左腋下；目視棍前下端（圖 10-54、圖 10-55）。

· 圖 10-53　　　· 圖 10-54　　　· 圖 10-55

(5) 身體不動，棍向上崩起，緊接著右腳向左後方掏步下蹲；同時棍自右向下、向上劃圓，再向右上方崩起，棍端高於頭頂；目視棍前端（圖 10-56、圖 10-57）。

· 圖 10-56

· 圖 10-57

### 16. 二龍戲珠

(1) 右手向棍前端滑握，左手向棍中段滑握。左手握棍向前橫擊，右手握棍屈臂回拉，停於腹前；同時，身體向右轉，兩腿屈膝成馬步；目視棍前端（圖 10-58）

(2) 左手向棍左端滑握，右手向棍中段滑握。右手握棍向前橫擊，左手握棍屈臂回拉停於腹前；同時，身體向左轉，右腳前上一步，兩腿屈膝成馬步；目視棍右端（圖 10-59）。

・圖 10-58　　　　　・圖 10-59

### 17. 獅子搖頭

(1) 左手握棍在胸前，右手握棍使棍右端順時針劃圓一周半；同時，右腳蹬地，身體向左轉，左膝前弓，成左弓步（圖 10-60、圖 10-61）

・圖 10-60　　　　　・圖 10-61

(2) 上動不停。左腳蹬地，右腳向前跳出，落地後左腳向前一步成左弓步。右手握棍繼續劃圓半周，使棍右端停於右下方；目視棍右端（圖 10-62—圖 10-66）。

· 圖 10-62　　　　· 圖 10-63　　　　· 圖 10-64

· 圖 10-65　　　　· 圖 10-66

## 18. 白猿摘果

右腿支撐，左腳蹬地，左腿屈膝提起，展胯，身體猛向右側傾；右手握棍使棍左端向右上方猛砸；左手離棍變掌，向左上劃弧，停於頭左上方，掌心向右；目視棍右端（圖 10-67）。

· 圖 10-67

### 19. 左右車輪

(1)左腳下落於右腳左側，身體向右轉。右手握棍，手心向上，虎口向右，使棍前端向下經身體右側向後劃弧；左掌立於左胯前，掌心向右；目視右下方。上動不停。右手握棍使棍右端繼續由後向上劃弧，當棍端行至右上方時，右臂內旋，身體向左轉，將棍夾於右腋下；左臂垂於體側，手心向後（圖 10-68─圖 10-70）。

· 圖 10-68      · 圖 10-69      · 圖 10-70

(2) 右手握棍，使棍由腋下向下、向左、向上、再向前劃圓；同時，身體向左轉，左臂仍垂於身體左側；目視棍端（圖 10-71）。

(3) 上動不停，身體向右轉；右手握棍變旋轉一周，虎口向前，手心向上；左手心托於右手下準備換手接棍；目視左前下方（圖 10-72）。

**按**：此式可以左右手交替練習，練法相同，唯左右相反（圖 10-73—圖 10-78）。

· 圖 10-71

· 圖 10-72

· 圖 10-73

· 圖 10-74

· 圖 10-75

· 圖 10-76

· 圖 10-77

· 圖 10-78

## 20. 豹子跳澗

(1) 左手握棍中段，兩手成對把握棍。右手使棍右端向上、向左劃半圓，左手使棍左端向下、向右劃半圓，兩臂交叉；右腳向左腿後插步（但未下落）；目視左下方（圖 10-79）。

(2) 右腳下落，右腿屈膝，身體向右轉 180°，左腳向後撤步，前腳掌著地；雙手握棍，右手用力，使棍右端向右後

・圖 10-79　　　　　・圖 10-80

下劃圓，左手離棍變掌架於額前上方，拇指在下，右手握棍使棍身貼於背後，棍左端斜出左肩；目視右方（圖 10-80）。

### 21. 左右攔掃

(1) 左手向右腋下去，與右手成順把握棍。右臂抬起使棍右端在上；左手握棍向棍中段滑移，使棍左端向下經腿後向右，繼而經腿前向左、向後劃弧，使棍右上左下斜背於背後；同時，上體左轉，左腿屈膝抬起；目視前下方（圖 10-81）

(2) 右腳踏跳離地，左腳隨即下落，左腿屈膝下蹲，右腿前伸成右仆步；同時，右手握棍使棍經右方向左

・圖 10-81

下方掃，緊接著再向右攔掃，棍左端停於右腳的右方；左臂側伸平舉，左手立掌，掌心向左；目視右下方（圖 10-82）。

(3) 身體起立，右腳向左腳前邁步，左腿屈膝半蹲，右腳尖點地成右虛步；同時，右手握棍使棍左端向右後平甩，右臂屈肘，棍身平停於右肩外側；左掌隨甩棍向前擺成立掌，掌心向前下；目視前方（圖 10-83）。

・圖 10-82　　　　　　　　・圖 10-83

(4) 右臂抬起，右手握棍，使棍後端向下，棍身向左至胸前，左手扶棍。左腳踏跳，右腳離地，身體向右後跳轉360°，兩腳屈膝成馬步；同時，右手握棍向右平掄（中棍），兩臂成側平舉，左立掌掌心向左；目視右方（圖 10-84、圖 10-85）。

・圖 10-85

・圖 10-84

(5) 馬步不動。右臂抬起，右手握棍纏頭，使棍前端經前向左繞頭一周半，右臂屈肘使棍身橫於頭上；左掌停於右腕處，掌心向右；目視左方（圖 10-86—圖 10-88）。

(6) 上動不停。右手握棍繼續掄棍一周，當棍至右前方時，左手握右手後（順把握），雙手握棍向前方斜擊；掄擊棍的同時，身體向右轉成右弓步；目視前方。（圖 10-89、圖 10-90）。

· 圖 10-86

· 圖 10-87

· 圖 10-88

· 圖 10-89

· 圖 10-90

## 22. 猛虎絞尾

(1) 雙手握棍使棍前端向左、向後再向右下掄；同時，身體向左轉成左側弓步；目視右下方。

(2) 上動不停。左腳踏跳，右腳離地，身體向左後跳轉180° 成右弓步；同時，雙手握棍使棍隨轉體掄劈，兩臂微屈，棍前端高於頭；目視前方（圖 10-91）。

## 23. 流星趕月

右腳後撤一步，身體向右後轉 180° 成右弓步；轉體同時，右手握棍使棍前端向後劈，棍斜立於身體；左手向後自然舒展（圖 10-92）。

· 圖 10-91          · 圖 10-92

## 24. 童子拜佛

(1) 右腳微向後撤，兩腿微屈；右手握棍，右臂微屈，使棍前端向右後劃弧；左臂屈肘，左掌立於右前臂內側；頭向右轉，目視棍後端。

· 圖 10-93

(2) 右腳向後撤步，左腿屈膝提起；同時，左手與右手成對握棍，使棍後端向上、向前下劃弧，最後使棍後上前下斜舉托於體前；目視前方（圖 10-93）。

## 25. 泰山壓頂

左腳向前落地成左弓步；右手握棍向前蓋打，左手握棍置於右腋下，棍前端稍高於頭部；目視棍前端（圖 10-94）。

· 圖 10-94

## 26. 指襠撩陰

(1) 重心後移，兩腳成馬步；右手握棍屈臂回拉使棍前端向上、向後劃弧；左手握棍直臂前伸使棍後端向下、向前劃弧；目視前下方（圖 10-95）。

(2) 右腳向前上步成右虛步；右手向棍中段滑握，左手向棍左端滑握。右手握棍使棍右端向前下方撩；左手握棍屈

・圖 10-95                    ・圖 10-96

臂回拉；目視前下方（圖 10-96）。

### 27. 撥草尋蛇

(1) 右腳向後撤一大步成左側弓步；右手握棍使棍前端
向右後下斜撥；目視棍右端（圖 10-97、圖 10-98）。

・圖 10-97                    ・圖 10-98

(2) 重心移於右腿，左腳虛點成左虛步，緊接著左腳向
後跳步，成右弓步；同時，左手握棍使棍左端向左前下方
撥；右手握棍屈臂使棍右端夾於右腋下；目視左下方。（圖
10-99—圖 10-101）。

(3) 身體向左轉，左腿屈膝，右腳虛點成右虛步；同
時，左手握棍使棍左端向左下斜撥；右手握棍，右臂屈肘收

・圖 10-99　　　　　・圖 10-100　　　　　・圖 10-101

於右腹前；目視左下方（圖 10-102）。

　　(4) 右腳後撤一步，成交叉步；同時，左手向左端滑握，並屈臂回拉；右手向棍中段滑握，使棍右端向左下方橫撥；目視右下方（圖 10-103）。

・圖 10-102　　　　　　　　・圖 10-103

　　(5) 右腳向左腿後方插步，兩腿屈膝下蹲成歇步；同時，右手向棍右端滑握；左手離棍，右手握棍使棍左端向前方劈砸，棍端低於膝部，左掌向左劃弧停於頭前上方，拇指在下；目視前下方（圖 10-104）。

· 圖 10-104

### 28. 靈貓捕鼠

（1）身體起立，重心移於右腿，成左虛步；同時左手握棍中段（兩手成順把握棍）；右手握棍稍向上提，隨即向下猛按，使棍前端向上崩；目視棍前端（圖 10-105）。

（2）左腳向前移步，右腳緊跟著上步停於左腳內側，腳尖點地；右手握棍向前猛點，左手滑至右手前；目視前方（圖 10-106）。

· 圖 10-105

· 圖 10-106

### 29. 抄點斜劈

(1) 左腿屈膝，右腿自後向前掃出；同時，右手握棍向後方抽拉，左手滑握至棍前端，左臂屈肘回拉，隨即右手移至棍中端，使棍後端向右下方抄；目視右下方（圖10-107）。

・圖 10-107

(2) 重心右移，右腿屈膝，左腳貼扣於右腿膕部；同時右手向棍右端滑握，使棍左端向右方反點；左手離棍變掌向左劃弧停於頭前上方，拇指在下；上體向右側傾斜；目視棍前端（圖108 -109）。

・圖 10-108

・圖 10-109

(3) 左腳向左後方落地，身體向左轉，右腿屈膝蹬伸，成左弓步；左手下落於右手後握棍，與右手成順把握棍，右手向棍中段滑握；目視右下方（圖10-110）。

(4) 左腳踏跳，右腳落地，身體向左後轉體 180°，左腳向後撤步成右弓步；跳轉同時，雙手握棍使棍前端向下經身體右側向上、向前劈棍；目視前方（圖 10-111）。

· 圖 10-110　　　　　· 圖 10-111

## 30. 宿鳥投林

右手前移握棍，使棍前端向右上方後掛；左手握棍將棍後端向左大腿前方稍推；同時，左腿屈膝，右腳移至左腳前成右虛步；胸部微向含；目視棍右端（圖 10-112）。

· 圖 10-112

### 31. 魚跳龍門

(1) 虛步不動；雙手握棍，右手使棍右端劃大弧一周半，停於前下方；目視前下方。

(2) 右腳微向前移，身體向左後轉；右腳踏跳，左腿屈膝提起；雙手握棍使前端由前下經右腿外側隨轉體劃弧。

(3) 上動不停，身體繼續向左轉，左腳落地，右腳向前上步成右弓步；同時，雙手握棍使棍由右向左側（轉成弓步後是前方）掄臂；目視棍前端（圖10-113）。

(4) 上動不停，雙手握棍自右向下、向上劃一立圓；同時左腿屈膝，右腳收回虛點，成右虛步（圖10-114）。

註：該式（2）（3）兩動要聯貫，踏跳轉體360°。

・圖 10-113　　　　　・圖 10-114

### 32. 太公釣魚

(1) 右腳後撤一步，身體向右轉，右腿屈膝成右側弓步；右手握棍，右臂屈肘上提，右手心向上，使棍身橫於頭前上方；左手離棍變掌，左臂向左側平舉，用前臂托住棍中

段，左立掌掌心向左前；目視左方（圖 10-115）。

(2) 左腳向右收移，體向右後轉 180°，兩腿屈膝向下成歇步；同時，右手握棍保持方向不變，隨屈膝下蹲，右臂屈肘向下，右手心向後停於左腋前；左臂屈肘，左手按於右手上方；目視棍前端（圖 10-116）。

• 圖 10-115　　　　　　　• 圖 10-116

(3) 身體起立，右腳向右跳落，右腿伸直，左腿屈膝提起；同時，右手握棍向右側平推點擊，右臂側平舉；左掌向左側擺成立掌，掌心向左前方，左臂側平舉；目視右方（圖 10-117）。

• 圖 10-117

### 33. 定海神針

(1) 左腳向左下落，身體向右轉，右腳後撤一步；右手握棍，右臂微屈肘，使棍前端向下經身體右側向後上劃弧，棍身橫於右肩外側；左掌按於左胯處；目視右方（圖 10-118、圖 10-119）。

(2) 右腿支撐，左腿屈膝提起；同時，右手握棍使棍端向上、向前下劃弧；左手握棍與右手成對把握棍使棍前端點地，左臂在左膝外側；目視前下方（圖 10-120）。

・圖 10-118　　　・圖 10-119　　　・圖 10-120

### 34. 射雁勢

左腳向右腿後方斜插落下，身體向右轉，兩腿屈膝下蹲成歇步；同時，左手離棍變掌劃弧停於頭前上方，拇指向下；右手握棍使棍前端向右後劈下；目視棍前端（圖 10-121）。

・圖 10-121

### 35. 轉身豎旗

(1) 起立。左腳向左側跨一步，身體向右轉；同時，右手握棍，使棍前端由上向下經右臂外側再由下向上劃半個圓弧；左手準備接棍；目視右方。左腿向前，左手握棍與右手成對把握棍，使棍兩端逆時針各劃 180° 弧；目視前下方（圖 10-122）。

(2) 右腳蹬地踏跳，身體向右後轉，左腳落地支撐，右腿屈膝提起；兩手握棍隨跳轉繼續劃弧；目視左下方。上動不停，右腳向右落地成右側弓步；右手離棍於左手前與左手成順把握棍，隨右腳落地身體向右轉，雙手握棍向體右側擺成立棍，向上豎直衝擊，兩臂微直；目視左方（圖 10-123）。

• 圖 10-122　　　　　• 圖 10-123

### 36. 蒼龍歸海

(1) 左手離棍向棍上端握去，與右手成對把握棍，兩手握棍使棍上端變向下後，將棍身向左肩處繞，過左肩後，使

・圖 10-124          ・圖 10-125

棍身右上左下斜背於後背；繞棍同時，右腿伸直，身體向左轉，左腿屈膝提起；目視前方（圖 10-124、圖 10-125）。

(2) 右腳踏跳，左腳隨即下落，左腿屈膝全蹲，身體向左轉，右腿向右伸直仆地成右仆步；同時，左手離棍舒伸於身後，高與肩平，掌心向外，指尖向上；右手握棍端，使棍另一端向右下掄掃；目視棍前端（圖 10-126）。

(3) 身體起立，右腳後撤虛點，成右虛步，身體向右轉；同時，右手握棍使棍前端向上、向後，棍身橫於右臂外側；左手離棍成掌，屈臂立掌於胸前，掌心向前；目視右前方（圖 10-127）。

・圖 10-126

(4) 右腳踏跳，身體向右後轉，左、右腳依次跳落，兩腿屈膝成馬步；右手握棍裹腦，使棍後端順時針掄掃近兩週，右臂側平舉；左手立掌，左臂側平舉，左掌心向左；目視右方（圖 10-128、圖 10-129）。

(5) 右腳收回虛點，隨即提起外展，身體向右後轉，兩腿成交叉步；同時，右手握棍向右後方順時針平轉雲棍，轉身後左手握棍，與右手成對把握棍；目視棍中段（圖 10-130、圖 10-131）。

• 圖 10-127　　　　　　　• 圖 10-128

• 圖 10-129

　圖 10-130　　　　　　　　　· 圖 10-131

(6) 右腳蹬地，左腿前跳，騰空轉體 180°，右腿屈膝停於左腿後；雙手握棍，使兩端逆時針各轉半圈，兩臂成交叉狀，右臂在上，左臂在下，使棍身夾於右腋下；目視左下方（圖 10-132）。

· 圖 10-132

收　勢

(1) 右腳下落，身體向右後轉，左腳向右前移。雙手握棍隨轉體使棍右端經腿前向右後下劃弧，棍左端向右後上劃弧，左手離棍，右手握棍使棍左上右下斜背於背後，虎口向上，手心向後；目視前下（圖 10-133）。

(2) 右腿屈膝半蹲，左腳尖點地成左虛步；右手握棍不

變；左手變摩掌順時針劃弧後，再成立掌向前推出，左臂微屈，掌心向前下。隨即右手在上、左手在下，雙手持棍立於身前。然後左腳後撤於右腳後，右腳收回，自然並立；同時雙手握棍順時針劃圓，成左手在上、右手在下。接著右手向右外劃圓，下按於胯前，合太極。目視前方（圖 10-134—圖 10-141）。

· 圖 10-133

· 圖 10-134

· 圖 10-135

· 圖 10-136

・圖 10-137

・圖 10-138

・圖 10-139

・圖 10-140

・圖 10-141

### 四 武式太極三十六棍棍式歌訣

懷抱太極棍領先，金雞獨立庭中站。

金童搖圈緊上步，白雲蓋頂遮蒼天。

撥雲望日大地暖，五花棍勢上下翻。

枯樹盤根就地掃，大鵬展翅入雲端。

烏龍擺尾把身護，風掃梅花落一片。

劈山棍下千鈞重，白鶴起舞手難攀。
野馬分鬃分左右，紫燕望月回頭看。
白蟒翻身烏雲捲，五行棍勢變萬千。
二龍戲珠點咽喉，獅子搖頭威力顯。
白猿獻果獨立勢，左右車輪似風旋。
豹子跳澗猛回頭，左右攔掃難近前。
猛虎絞尾斷筋骨，流星趕月快如電。
童子拜佛蹬山勢，泰山壓頂誰敢攔。
指襠撩陰人難防，撥草尋蛇貴聯貫。
靈貓捕鼠似放箭，抄點斜劈緊相連。
宿鳥投林掛法鮮，魚跳龍門把身翻。
盤膝托襠釣魚勢，定海神針避浪翻。
開弓擺下射雁勢，轉身豎旗棍朝天。
蒼龍歸海須下勢，身合太極勢還原。

# 第十一章　秘傳古典太極拳譜
## （老三本）

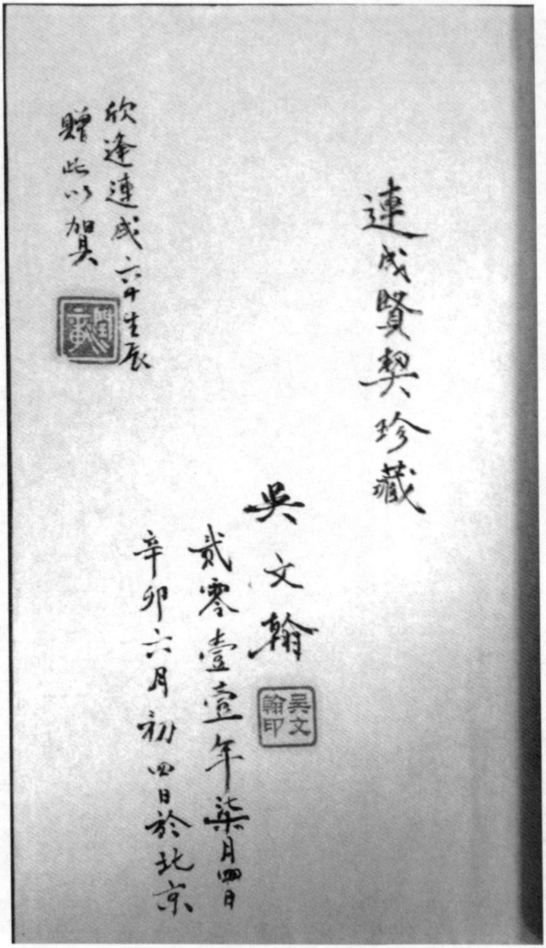
連成賢契珍藏
吳文翰
吳文翰印
貳零壹壹年柒月四日
辛卯六月初四日於北京
欣逢連成六十生辰
贈此以賀

太極拳譜

（閱讀順序） →

十三勢架

攬雀尾。單鞭。提手上勢。白鶴亮翅。
樓膝拗步。手揮琵琶勢。接膝拗步。
手揮琵琶勢。上步搬攬鎚。如封似閉。
抱虎推山。單鞭。肘底看鎚。倒攆候。
白鶴亮翅。樓膝拗步。三角背。上勢。
攬雀尾。單鞭。高探馬。左右起

上步揹膝鎚。上勢攬雀尾。單鞭。下
勢。上步七星。下步跨虎。轉腳擺連。
彎弓射虎。上步搬攬搥。抱虎旧山。

山右王宗岳太極拳論

太極者無極而生陰陽之母也動之則分。
靜之則合無過不及隨曲就伸人剛我柔
謂之走我順人背謂之黏動急則急應動

腳。轉身蹬一足。
起。披身踢一脚。轉身蹬一脚。上步
搬攬鎚。如封似閉。抱虎推山。斜單
鞭。野馬分鬃。單鞭。玉女穿梭。拉
手。下勢。更雞獨立。倒攆候。白鶴
亮翅。樓膝拗步。三角背。上勢攬雀
尾。單鞭。拉手。高探馬。十字擺連

跋步栽鎚。翻身二

→

緩則緣隨，難變化萬端而理唯一貫由著
熟而漸悟懂勁，由懂勁而階及神明，然非
用力之久不能豁然貫通焉，虛領頂勁，氣
沉丹田，不偏不倚，忽隱忽現，左重則右虛，
右重則左杳，仰之則彌高，俯之則彌深，進
之則愈長，退之則愈促，一羽不能加，蠅蟲
不能落，人不知我，我獨知人，英雄所向無

敵蓋由此而及也，斯技旁門甚多，雖勢
有區別概不外壯欺弱，慢讓快耳，有力打
無力手慢讓手快是皆先天自然之能非
關學力而有也察四兩撥千斤之句非
刀勝觀耄耋之形快何能為立如科
準活如車輪偏沉則隨便重則滯每見數年純
功不能運化者率皆自為人制雙重之病

三

涵胸　拔背裹膀　護肫　提頂　吊膀
膀胱　閃戰

刀法

裹剪腕　外剪腕　挫腕　撤腕

鑽法

平刺心窩　斜刺膀夫　下刺脚面　上
刺領項

「格物」
未悟耳欲避此病須知陰陽稍即夫走走
去必至即是黏陽不離陰陰不離陽陰陽相濟方
為懂勁懂勁後愈練愈精默識揣摩漸至
從心所欲本是含己從人多悞舍近求遠
所謂差之毫釐謬之千里學者不可不
辨焉是為論

身法

辨四身雖動心貴靜氣須歛神宜舒心為
令氣為旗神為主帥身為驅使利到留意方
有所得先在心後在身則不知手之
舞足之蹈也所謂河成一氣呵成一
己從人引進落空四兩撥千斤也須知一
動無有不動一靜無有不靜動猶靜視
靜猶動內固精神外示安逸須要從人不要

五

十三勢 一名長拳一名十三勢

長拳者如長江大海滔滔不絕也十三勢
者掤捋擠按採挒肘靠此八卦也掤
捋擠按即坎離震兌四正方也採挒肘靠
即乾坤艮巽四斜角也此八卦也進步退
步左顧右盼中定即金木水火土此五
行也合而言之曰十三勢

一往無敵立身須中正不偏能八面支撐
如山岳動若江河邁步如臨淵運勁如抽
絲蓄勁如張弓發勁如放箭行氣如九曲
珠無微不到運勁如百鍊鋼何堅不摧形
如搏兔之鵠神如捕鼠之貓由中求直蓄
而後發敗即是散連而不斷極柔軟然後
極堅剛能粘依然後能靈活氣以直養而

六

由己從人則活由己則滯尚氣者無力養
氣者純剛粘依不動己不動彼微動己先動
以己依人務要知己乃能隨轉隨接以己
粘人必須知人乃能不後不先精神能提
得起則無雙重之虞粘依能跟得靈方見
落空之妙往復須分陰陽進退須有時合
機由己發力從人借發仍須上下相隨乃

太極手

如鏈行運勁如抽絲全身意在蓄神不在
氣在氣則滯有氣者無力無氣者純剛氣
如車輪腰如車軸

又曰

彼不動己不動彼微動己先動似鬆非鬆
將展未展勁斷意不斷

又曰

太極手

無窒勁以曲蓄而有餘漸至物來順應是
亦知止能得矣

又曰

先在心後在身腹鬆氣歛入骨神舒體靜
刻刻存心切記一動無有不動一靜無有
不靜視靜猶動視動猶動骨往來氣貼背
歛入脊骨要靜內固精神外示安逸邁步

太極手

倚其病必於腰腿求之上下前後左右皆
然凡此皆是意不是外面有上即有下有
前即有後如意要向上即寓
意若物將揪起而加以挫之之力斯其根
自斷乃壞

十三勢行工歌訣

十三總勢莫輕識命意源頭在腰隙

太極手

每一動惟手先着力隨即鬆開猶須貫串
不外起承轉合始而意動既而勁接
要一線串成氣宜鼓盪神宜內歛勿使有
缺陷處勿使有凹凸處勿使有斷續處其
根在腳發於腿主宰於腰形於手指由腳
而腰而腿總須完整一氣向前退後乃得機
將進勢有不得機勢處身便散亂必至偏

若言體用何為準　意氣君來骨肉臣

詳推用意終何在　益壽延年不老春

歌兮歌兮百四十　字字真切義無疑

若不向此推求去　枉費工夫遺嘆惜

昔会

走架打手行工要言

能引進落空能四兩撥千斤

空不能四兩撥千斤語甚詳初學未由領

九

變轉虛實須留意　氣遍身軀不稍滯

靜中觸動動猶靜　因敵變化示神奇

勢勢存心揆用意　得來不覺費工夫

刻刻留心在腰間　腹內鬆靜氣騰然

尾閭正中神貫頂　滿身輕利頂頭懸

仔細留心向推求　屈伸開合聽自由

入門引路須口授　工用無息法自修

不外散亂欲要神不外散亂先要神氣收斂入

骨先要兩股前節有力兩肩鬆開氣向下

沈肋起於腳根變換在腿含蓄在胸運動

在兩肩主宰在腰上於兩膊相繫下於兩

腿相隨劲由內換收便是合放即是開靜

則俱靜靜是合合中寓開動則俱動動是

開開中寓合觸之則旋轉自如無不得力才

十

悟乎加數語以解之俾有志斯技者得所

從入庶日進有功矣欲要引進落空四兩

撥千斤先要知己知彼欲要知己知彼先

要舍己從人欲要舍己從人先要得機得

勢先要周身一家欲要周身一家先要

身無有缺陷欲要身無有缺陷先要神氣

鼓盪欲要神氣鼓盪先要提起精神神

所謂知己知彼百戰百勝也

肥第啟軒

嘗以毬譬之如置毬於平坦人自莫可攀躋强臨其上向前用力後跌向後用力前跌罕譬甚明細揣其理非全己從人一身一家之明證乎得此一譬引進落空四兩撥千斤之理可盡人而明矣





能引進落空四兩撥千斤平日走架是知己工夫一動勢先問自己周身合上數項不合少有不合即速改換走架所以要慢不要快打手是知人工夫動靜固是知人仍是問己自己安排得好人一挨我我不動彼絲毫趁勢而入彼自跌出如自己有不得力處便是雙重未化要於腰腿求之



此四字無形無聲非懂勁後練到極精地位者不能知全是以氣言能直養其氣而無害始能施於四體不言而喻矣

## 太極拳小序

太極拳不知始自何人其精微巧妙王宗岳論詳且盡矣後傳至河南陳家溝陳姓神而明者代不數人我郡南關楊某愛而往





**敷** 敷者運氣於己身敷布彼勁之上使不得動也

**蓋** 蓋者以氣蓋來處也

**對** 對者以氣對彼來處認定準頭而去也

**吞** 吞者以氣而入於化也

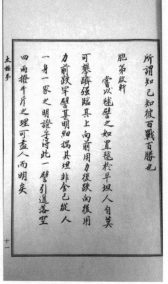

某專心致志十有數年備極精妙旋里後
示諸同好母舅武禹襄見而好之常與比
較伊不肯輕以授人僅能得其大概素聞
豫省懷慶府趙堡鎮有陳姓名清平者精
於是技逾年母舅因公赴豫省過而訪之
研究月餘而精妙始浮神乎技矣予自
咸豐癸丑時年二十餘始從母舅學習此

技口授指示不遺餘力余質最魯二十
餘年來僅得皮毛竊意其中更有精巧茲
僅以所得筆之於後名曰五字訣以識不
忘所學云先緒丁卯端陽日亦畬氏謹識
於小書室之南牖下

五字訣

一曰心靜心不靜則不專一舉手前後左

十三

右全無定向故要心靜起初舉動未能由
己要息心體認隨人所動隨屈就伸不丟
不頂勿自伸縮彼有力我亦有力我力在
先彼無力我亦無力我意仍在先要刻刻
留心挨何處心要用在何處須向不丟不頂
中討消息從此做去一年半載便能施於
身此全是用意不是用勁久之則人為我制

我不為人制矣
二曰身靈身滯則進退不能自如故要身
靈舉手不可有呆像彼之力方礙我皮毛
我之意已入彼骨裏兩手支撐一氣貫串
左重則左虛而右已去右重則右虛而
左已去氣如車輪周身俱要相隨有不相
隨處身便散亂便不得力其病於腰腿求

十四

右全無定向故要心靜起初舉動未能由
己要息心體認隨人所動隨屈就伸不丢
不頂勿自伸縮彼有力我亦有力我力在
先彼無力我亦無力我意仍在先要刻刻
留心挨何處心要用在何處有不丢不頂
中討消息從此做去一年半載便能施於
身此全是用意不是用勁久之則人為我制

我不為人制矣
二曰身靈身滯則進退不能自如故要身
靈舉手不可有呆像彼之力方礙我皮毛
我之意已入彼骨裏兩手支撐一氣貫
串左重則左虛而右去右重則右虛而
左已去氣如車輪而身俱要相隨有不相
隨處身便散亂便不得力其病於腰腿求

之先以心使身從人不從己後身能從心
由己仍是從人由己則滯從人則活能
人手上便有分寸稱彼勁之大小分厘不
錯權彼來之長短毫髮無差前進後退
處恰合工彌久而技彌精矣
三曰氣斂氣勢散漫便無含蓄身易散亂
務使氣斂入脊骨呼吸通靈周身罔間吸

為合為蓄呼為開蓋吸則自然提得
起亦引人起呼則自然沉得下亦放得
人出此是以意運氣非以力使氣也
四曰由腳而腿之勁練成一氣分清虛實
發勁要有根源勁起於腳根主於腰間行
於手指發於脊背又要提起全付精神於
彼勁將出未發之際我勁已接入彼勁恰好
不後不先如皮燃火如泉湧出前進後退
方能隨手奏效此中消息要感悟於心方得
千斤之力不能前進者上四者俱備總神聚
五曰神聚上四者俱備總歸神聚神聚則
一氣鼓鑄鍊神氣歸脊骨欲開合按

太極手

鬚間我的勿使威中有聲手
故噴腰胯提揚的中看整手
掌引黏於四子有四不隨不能
身引為手去不能脚不能不措
神不圍此紫之不能地愧須趁此病不
聲聲臺涇一身消得對身為此病不黑雖彼身之一克莫明其妙

打手要言

解曰以心行氣務沈着乃能收斂入骨所
謂令氣務順遂乃能便利從心者此全是用意
不用力久久練習則得真正內勁
身中正安舒支撐八面行氣如九曲珠無往不利
氣遍身軀之謂也行氣如百煉鋼何堅不摧
不貪不欠隨曲就伸發勁須沈着
勢勢處須認真稍有不合便自改須

太極手

十七

---

太極手

合有致虛靜是左虛則右虛右實則左虛之
實虛非全無力氣也虛非全
左熱精要貴實注重全在虛
運化不走外而力收入倍氣由骨發貫則
氣息閒之氣由鬆骨其謂
右腰間共此而下乃謂兩肩鬆開氣向下沉
有脊骨之內斂入骨謂之斂氣
正上吐之氣謂是收是收此氣之由
上腰間而便是由脊骨而下兩腿
消開合便和陰陽到則謂工用一日
精一日漸主致心所欲固不如意矣

掇手引羿放

雙起雙惜身橫力中看喜字
引到身前肘指著甲有紮字

---

太極手

有揭摩連逃須看梢侯隨指圍
曲中求直蓄而後發所往蓄如張弓發如
心為靈峻精神如意遠則之詞
敵令氣神似仙似亦頂氣沈丹田不偏
不停運身如九曲珠順遂隨項
不得機勢身便散亂其病於腰脊腰求
以氣運身如龍似蛇精神須貫主則身
開合總虛心包心之氣貴養則項
為驅使所謂進須蓄而後身氣貴斂神
住任攬擠按須認真上下相隨人難進
棚攬擠按須認真捨手
引進落空合即出  柏連難隨不丟項

棚上平  棠手  噫牛哩會哼哈吸阿哈

打手撒放

---

太極手

十三桿

崩一桿青龍出水
童子拜觀音
餓虎撲食  掤絡虎
鳳捲地  柳步  郊馬披
勢  蟀猫撲氣  甲寧入黑取
順手拖絡仙掌  拳田昆芭掌
迎兩瓶絡心掌  推心掌
推南掌  横捌肘  左採手
拳莽外手  理絡外手  雙風貫耳
大猫撲心  柏柯一點紅
絡莽莽莽  十字跌
掤  拋絡高裘  章子
掤打  絡搖  朝天一柱香
架絡  柏景開勾  玉女桓候播殺  章子

---

十八

太極拳

庚寅秋余陪業師
吳文翰先生應邀幽席河北邯鄲太極拳峯
會蒼問幸識武術名宿
賈安樹先生閒其珍藏一冊太極拳前輩
李亦畬先生手書拳譜．經吾師考證逆
赤會先生手書老三本之栗木．吾於光緒
三年二見吾師出版之太極拳書曰考第二羔三
對研究拳史拳論及老三本之形成．有重要
價值惜回原佛破．頗汸濱甚重槇

十九

太極拳

拜觀音　搓去手　斜手
子　草藥砲　閉門敢扇
那天起　前手順落肘　前救性裡線
觀激生　左手順沿肘　往上冲打
　　　　打沉肘　肚裏泡時帳　單

太極拳

賈先生應允吾對原件拍攝掃描．並用電腦技
術清除污漬．還典籍之本貌．後擇宣紙印刷
後製成綫裝成三十冊．惠贈友好．供太極拳史研究
者借鑒並使此珍貴文獻傳之久遠．此逝吾師大
夙願也．
　　　　辛卯春後學范濤記於竹苑刊館

# 附錄

## 武式太極拳主要傳人師承表

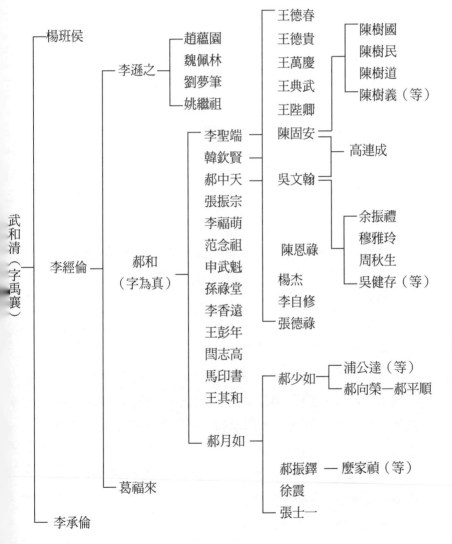

武和清（字禹襄）
├─ 楊班侯
├─ 李經綸
│   ├─ 李遜之
│   │   ├─ 趙蘊園
│   │   ├─ 魏佩林
│   │   ├─ 劉夢筆
│   │   └─ 姚繼祖
│   │       ├─ 王德春
│   │       ├─ 王德貴
│   │       ├─ 王萬慶
│   │       ├─ 王典武
│   │       ├─ 王陛卿
│   │       └─ 陳固安
│   │           ├─ 陳樹國
│   │           ├─ 陳樹民
│   │           ├─ 陳樹道
│   │           └─ 陳樹義（等）
│   ├─ 郝和（字為真）
│   │   ├─ 李聖端
│   │   ├─ 韓欽賢
│   │   ├─ 郝中天
│   │   │   └─ 吳文翰
│   │   │       ├─ 高連成
│   │   │       ├─ 余振禮
│   │   │       ├─ 穆雅玲
│   │   │       ├─ 周秋生
│   │   │       └─ 吳健存（等）
│   │   ├─ 張振宗
│   │   ├─ 李福萌
│   │   ├─ 范念祖
│   │   ├─ 申武魁
│   │   ├─ 孫祿堂
│   │   ├─ 李香遠
│   │   ├─ 王彭年
│   │   ├─ 閻志高
│   │   ├─ 馬印書
│   │   ├─ 王其和
│   │   │   陳恩祿
│   │   │   楊杰
│   │   │   李自修
│   │   │   張德祿
│   │   └─ 郝月如
│   │       ├─ 郝少如
│   │       │   ├─ 浦公達（等）
│   │       │   └─ 郝向榮 ─ 郝平順
│   │       ├─ 郝振鐸 ─ 廖家禎（等）
│   │       ├─ 徐震
│   │       └─ 張士一
│   └─ 葛福來
└─ 李承倫

.. 

高連成─

| | | | | |
|---|---|---|---|---|
| 王　勇 | 侯加勝 | 李思勇 | 李保方 | 尹連河 |
| 高　瑩 | 高　濤 | 高　劍 | 高　杰 | 潘　磊 |
| 羅　鵬 | 陳　剛 | 劉　彬 | 趙永樂 | 勾　強 |
| 張連棋 | 張　湛 | 羅　凱 | 郭邵震 | 閃　爍 |
| 閃　峰 | 王　延 | 王晨霞 | 朱宏興 | 李　歡 |
| 張　亮 | 劉玉辰 | 王　棋 | 高　祥 | 張紹輝 |
| 郝建國 | 蘇躍進 | 陳振宇 | 秦　楠 | 王　韜 |
| 王智勇 | 施　政 | 吳　峰 | 楊　進 | 尹　洪 |
| 謝太行 | 龐紅濤 | 任學亮 | 孫振鬆 | 王雪濤 |
| 王培華 | 王五星 | 吳　瓊 | 孫勇剛 | 周玉江 |
| 馬國棟 | 蓋世光 | 陳麗珠 | 周　娟 | 楊　猛 |
| 王志超 | 李　堅 | 張宗衛 | 劉湘平 | 楊其仁 |
| 張鑫輝 | 段文萃 | 楊宏偉 | 劉建軍 | 張健壯 |
| 石本鏡子（日本） | | 山崎敬（日本） | | 李澤鵬 |

註：因陳固安、吳文翰二師授人眾多，遵吳師意見，二師所授弟子就不在表中一一列出，敬請同門諒解！

說明：

(1)愛好武式太極拳，隨筆者習藝多年，並學有一定造詣，深喜太極文化，研究武式拳藝者，還有如下人員。

河南省電力公司：毛大鵬、王紅印、翟學書、張宏山、劉建軍、程崗、郝森、郝良燕、付銳敏、夏若男、張宗萍、胥岩、白宏坤、廖曉玉、邵淮嶺、郅擎宇、常怡榮、任月敏。

鶴壁市電力公司：李國立、孔麗萍、王煒、趙牛山、朱孟銀、李衛軍、鄧曉彬、李春豔。

鄭州市財政局：關朝利。

鄭州市航空港區財政局：王宏偉、沈立、陳念軍、蔡萌

鄭州市政府：盛鐸。

鄭州市公安局：張萬春、王紅傑、李錦頌。

鄭州大學：鄭學晶。

解放軍訊息工程大學：萬剛。

鄭州市：李桂花、趙玉珍、劉蓮芬、喬建華、孫業澤、李少杰、劉玉霞、范君倩、鄭寶坤、王泉、趙健宇、邰海軍。

(2)隨父輩由筆者親授學藝多年再傳弟子有：王逸飛、趙悅迪、趙梓同、張家華、楊雨麟、王勤法、楊豐華、屈奕名、程音、尹若宇、孫嘉辰、杜潤依、謝崑崙、白桂寧、馬振邦、馬超群。

國家圖書館出版品預行編目資料

武式太極拳拳械彙編 / 高連成編著.
——初版，——臺北市，大展，2018 [民 107.06]
面；21公分—（武式太極拳；4）
ISBN　978-986-346-209-5（平裝；附數位影音光碟）
1.太極拳

528.972　　　　　　　　　　　　　　107005461

# 武式太極拳拳械彙編 附DVD

編　　著／高連成
責任編輯／朱曉峰
發 行 人／蔡森明
出 版 者／大展出版社有限公司
社　　址／臺北市北投區（石牌）致遠一路 2 段 12 巷 1 號
電　　話／（02）28236031，28236033，28233123
傳　　真／（02）28272069
郵政劃撥／01669551
網　　址／www.dah-jaan.com.tw
E - m a i l／service@dah-jaan.com.tw
登 記 證／局版臺業字第 2171 號
承 印 者／傳興印刷有限公司
裝　　訂／眾友企業公司
排 版 者／菩薩蠻數位文化有限公司
授 權 者／人民體育出版社
初版 1 刷／2018 年（民 107）6 月

定價／600元

大展好書　好書大展
品嘗好書　冠群可期